René de LASSUS

Oser être gagnant

par l'Analyse Transactionnelle

MARABOUT

A Grégoire, né le 2 mai 1994 pour « gagner »

Remerciements

aux excellents transactionnalistes avec qui j'ai eu le plaisir de travailler :

Graham Barnes, Masha Bongard, Lucie Bruers, Michel Chalude, Dominique Chalvin, Virginie Delattre, Gene Early, Tom Frazier, René Haupeman, Fanny Hoefelman, Raymond Hostie, Taïbi Kahler, Georges Kohlrieser, Filiep Lagast, Vincent Leenhardt, Monique Maystadt, Roger Moyson, Salomon Nasielski, Paul Seynaeve.

Lorsque Marabout m'a demandé de proposer un deuxième ouvrage consacré à l'AT, je ne me suis pas interrogé longtemps pour savoir quelles matières développer : le courrier, tout d'abord, puis les rencontres avec de nombreux lecteurs m'ont indiqué dans quelle direction il serait intéressant de travailler. Que tous ceux qui m'ont ainsi fait la preuve de leur confiance soient ici remerciés.

Rdl

SOMMAIRE

« Et même si c'est un lieu commun
De dire que le plus court chemin
Entre deux points c'est la ligne droite
…
De dire que le plus court chemin
Entre deux êtres c'est l'écoute
…
Même si comme dénominateur
Commun nous avons la peur,
Le doute et toutes les barrières
J'aimerais entre vous et moi
Briser les frontières et les lois
Qui font les portes si étroites
…

Extrait de « Le front commun », Julos Beaucarne

I

QU'EST-CE QU'ON ATTEND POUR ÊTRE HEUREUX?

OSER ÊTRE GAGNANT

C'EST QUOI ENCORE, L'AT?

L'AT DU SECOND DEGRÉ

LA COMMUNICATION EN OR

DES SCÉNARIOS POUR LA VIE

DE LA SYMBIOSE À L'AUTONOMIE

AVERTISSEMENT

Pour un éclairage plus complet de certains points ou une révision de certaines notions d'AT, j'invite à plusieurs reprises le lecteur à consulter mon premier ouvrage sur le sujet : *L'Analyse Transactionnelle*, Marabout n° 3516.

Certains concepts, déjà étudiés dans ce livre, font ici l'objet d'une nouvelle définition ; en effet, mon évolution personnelle et celle des transactionnalistes compétents m'amènent à vous proposer certaines « nouvelles versions », à mon sens plus adéquates.

Évolution du langage français d'AT

On le sait, Berne a édifié l'AT en langue anglaise.

Impressionnés, les premiers traducteurs se sont empressés de traduire fort littéralement les premiers écrits proposés aux marchés francophones, en Enfants bien Adaptés, n'osant encore que fort peu suivre le vœu d'Éric Berne qui était de voir les générations suivantes de transactionnalistes enrichir de leurs apports les découvertes de la toute jeune école.

On a donc, en France, parlé de Parent « Nourricier »

(Nurtering Parent), de «jeu» (game), de «message contraignant» (driver) avant que d'aucuns n'osent proposer des vocables français plus adéquats comme l'ont fait Salomon Nasielski dont l'appellation **«stratagème»** dit bien la complexité des «games», puis Dominique Chalvin proposant son **«Parent Donnant»** (Nurtering Parent).

Je ne suis, pour ma part, pas mécontent de mon **«mot d'ordre»** *(driver)* et de mon **«Parent Bienveillant»** (Nurtering Parent).

Je me rallie complètement aux ingénieuses dénominations proposées par D. & M.J. Chalvin, à propos de la Structuration du Temps, comme :
— **«Résolutions en commun de problèmes»** (ce qui a été précédemment souvent traduit par «activités»).
Et c'est bien exact qu'une «activité» comme «faire la vaisselle» ensemble résout bel et bien un problème !
— **«Jeux négatifs»** (les «games», «jeux psychologiques» ou «stratagèmes»).
— **«Relations authentiques»** (ce qui avait été traduit jusqu'à présent par «intimité» (ce qui est trop restrictif) ou «proximité» (ce qui est assez ambigu).

Merci, Dominique et Marie-Joseph !

Les lecteurs qui m'ont fait l'honneur de lire *Oser être soi-même* (Marabout, MS 2002) connaissent mes motivations au sujet de l'emploi de la première personne du singulier.

INTRODUCTION À UN DEUXIÈME VOLUME SUR L'AT

Or donc, nous aurions de *nouvelles* libertés à conquérir ? De nouvelles ? ? ?

Pour certains, ce serait la première fois… La première fois qu'ils vivraient un peu plus libres, un peu plus dégagés de ce que leurs aînés, leurs maîtres (ceux qu'ils sont prêts à considérer *consciemment* comme tels, et les autres…) leur ont mis dans la tête, dans les tripes, et à la place du cœur.

Bref, dégagés de ces programmes d'opinion, de comportement, de réaction *installés* en eux et que l'AT appelle *scénarios de vie*.

Des lignes de vie que, dès notre plus jeune âge, nous nous empresserions de suivre — des *autoroutes du comportement* — et que les générations aînées se sont empressées de construire à notre intention, pour nous permettre d'échapper à la plus angoissante des questions : *« D'où viens-je ? Qui suis-je vraiment ?* et *« Pourquoi suis-je là ? »*

Or donc, nous aurions une liberté à reconquérir — la plus précieuse — la *nôtre* — parce qu'on nous a fait croire que la liberté était notre réalité quotidienne, puisque aucune force coercitive ne nous opprimait (Et les pays de l'Est, depuis quand ?), puisque nous pouvions changer de trottoir à notre guise, puisque nous pouvions émettre nos opinions et exprimer nos émotions et nos sentiments à notre guise.

J'ai déjà eu le plaisir d'écrire une initiation aux principaux outils de l'AT. Cet ouvrage a eu l'heur de plaire à un public nombreux.

Cela nous vaut, à Marabout et à moi-même, de vous proposer aujourd'hui, cette deuxième livraison.

Elle me permet :

— d'une part, d'affiner certains concepts ;

— d'autre part, de proposer un développement concernant des outils approchés un peu trop rapidement dans le premier volume, comme le *scénario de vie* ;

— enfin, de proposer certaines « considérations » nouvelles, puisque l'AT traitant de la réalité humaine, ces développements sont, en fait, inépuisables…

Le succès de l'AT, pourquoi ?

Jean et Madeleine sont en vacances.
Cette année, ils ont décidé de découvrir les coins de Provence qu'ils ne connaissent pas bien.
Nous sommes au mois de juillet. Il fait chaud.
Aujourd'hui, Jean et Madeleine ont décidé d'explorer les alentours du Ventoux. Ils arrivent en vue de Malaucène, et Madeleine demande à Jean :
« *Tu n'as pas soif, mon chéri ?*
Ce à quoi, Jean répond, avec beaucoup de simplicité :

— *Non, pas du tout!*
Et ils poursuivent leur chemin, en direction du célèbre sommet provençal.
Dès les premiers lacets, Madeleine se met à soupirer.
Après quelques kilomètres, elle lance, sur un ton excédé :
— *C'est encore loin?*
— *Quoi donc?* réplique Jean.
Madeleine, en poussant un gros soupir :
— *Ben, le sommet, idiot! Pas la mer!!!*
Piqué, Jean interroge, sur un ton devenu, lui aussi, agressif :
— *Mais qu'est-ce qui te prend! Madame est de mauvaise humeur?!?*
— *Ah! Je vous jure!* répond Madeleine, *vivre avec un égoïste pareil!*
Et la dispute s'engage, qui se termine par un :
— *C'est bien la dernière fois que je pars en vacances avec toi! La prochaine fois, tu n'as qu'à emmener ta Nicole!*
— *Qu'est-ce que Nicole a à voir avec ça?»*
Et le couple de repartir sur une dispute concernant «*cette soirée où Jean n'avait d'yeux que pour cette provocatrice, cette p...*»

Les lecteurs auront reconnu ici l'enchaînement plus ou moins dramatique d'un jeu négatif, dont on ne sait pas comment il se termine. (Parmi les meilleures fins possibles, Jean et Madeleine font ce soir l'amour comme des amants «au premier jour» — parmi les fins moins heureuses, Jean «se saoule la gueule-comme-jamais», Madeleine «fait» une chute de tension, et il faut écourter les vacances. Remarquez! Selon la logique des jeux négatifs, dans les deux dernières «issues», ils auront collé tellement de «timbres psychologiques» qu'ils pourront recommencer des variations sur ce «jeu», plus tard...

C'est à l'issue de l'un d'entre eux, au mois de décembre, que Jean interpelle Madeleine sur les raisons de sa mauvaise humeur, en grimpant au Ventoux, en juillet dernier. Après avoir fouillé dans sa mémoire, Madeleine :

> *« Quelle mauvaise humeur ? Je ne vois pas… Ah oui ! Je me souviens ! Eh bien… C'était encore une fois ton fameux égoïsme ! Tu te souviens, il faisait épouvantablement chaud et j'avais très soif…*
> *— Tu avais très soif ? Mais je m'en souviens très bien, maintenant ! C'est toi qui m'as demandé si, moi, je n'avais pas soif ! Et c'est toi qui ose me traiter d'égoïste ! »*

Et voilà, ils peuvent, une fois encore, recommencer.

Parce qu'elle n'a pas su dire son vrai besoin au moment même, mais aussi, parce qu'en matière de formation psychologique, Madeleine préfère les romans d'amour — vous savez, ceux dans lesquels on présente le Prince Charmant comme un homme tellement attentionné qu'il « devine » constamment les moindres désirs de sa belle !

Je connais certains hommes qui, à ce stade de la lecture, s'empresseront de juger Madeleine — parce que c'est bien sa faute, non ? ?

Et bien non, Messieurs les machos, si hormis quelques détails de vocabulaire (Non, bien sûr, votre femme n'aurait pas utilisé un terme aussi trivial que « putain » pour parler de la rivale Nicole !) vous avez reconnu une « mécanique implacable » dans cette description, c'est que, conformément aux découvertes de l'AT, Jean a très probablement épousé Madeleine parce que leurs scénarios sont *complémentaires* (une notion développée dans le chapitre XXX).

> Pendant un séjour à Paris chez son oncle Marcel et sa tante Jeanne, André put observer la scène suivante.
> Cela se passait un soir où il restait en compagnie de ses oncle et tante, qui l'avaient invité à regarder un programme de variétés à la télé.
> Après une quinzaine de minutes, Marcel empoigne le zappeur et change de chaîne.

> Dans cet autre spectacle de variétés, « Nuit aux Folies-Bergères », les « protagonistes » sont plus déshabillés, et Marcel lance à André : « *Pas mal, hein ? Les petites...* »
> Grognement de Jeanne : « *... mh ! Je m'en serais doutée... Et ça, devant André ! Qu'est-ce qu'il va penser de toi ?!* »
> Marcel : « *Ben, où est le mal ? Il faut bien lui apprendre ce qu'est Paris, on ne voit pas ça, tous les jours, à Blanville, n'est-ce pas, André ??* »
> Jeanne : « *Toi, tu es bien comme tous les hommes !* »
> Marcel : « *Et avec ça, fier de l'être* » lance-t-il en mettant la main aux fesses de sa femme, qui, se retournant, lui flanque une gifle :
> « *Eh pas de ça, devant mon neveu !!!* »

Les milliers de Jean, de Madeleine, de Jeanne, de Marcel, qui découvrent l'AT sont généralement des plus surpris lorsqu'ils découvrent l'analyse de leurs transactions, de leurs échanges de « timbres psychologiques », de leurs jeux négatifs — et la mécanique « bien huilée » de ceux-ci —, de leurs scénarios, que propose l'Analyse Transactionnelle.

Ils n'auraient pas pu expliquer pourquoi il y avait quelque chose d'irrationnel, d'implacable dans l'enchaînement de leurs disputes, de leur « façon de vivre ».

Sans doute se contenteraient-ils d'un plus que banal *« C'est la réalité humaine »* souvent suivi d'un *« On ne se refait pas, n'est-ce pas ? »* Et c'est là que le transactionnaliste répond : « Il ne s'agit pas de se refaire, mais d'évoluer ! De devenir davantage **libre et vrai gestionnaire** (patron) **de sa vie**, en remplaçant les comportements dans lesquels nous fonctionnons un peu comme des marionnettes par des comportements **choisis**, marqués par davantage d'**autonomie**.

Que tous les Jean et Madeleine de France et de Navarre quittent le monde du « non-dit » (ou du « maldit » — qui engendre tant de « mal-à-dies », comme nous le rappellent F. Dolto et J. Salomé) dont ils étaient dépendants pour gagner celui des transactions fructueuses, agréables et harmonieuses ; voilà ce que je leur souhaite.

• Voilà pourquoi je les encourage à utiliser les grilles de l'AT.

Ces grilles qui expliquent le succès sans précédent de cette école psychologique, qui se caractérise par la clarté de ses schémas explicatifs, tout en étant grandement marqués de pertinence.

• Une autre raison importante réside dans le fait que la psychologie classique demeure souvent rébarbative pour l'homme de la rue et que, de plus, ses « diplômés » ne font pas toujours preuve de capacité à rencontrer cet homme de la rue*.

* Et pour cause : la plupart des grandes facultés de psychologie considèrent qu'il n'est pas de leur ressort d'enseigner la formation « pratique » de rencontre en face-à-face avec les futurs patients, ou consultants. Ce qui explique pourquoi tant de diplômés en psychologie fréquentent ces formations complémentaires à la relation efficace d'aide qu'offrent les associations professionnelles d'AT, de PNL, de Gestalt et autres.

1

QU'EST-CE QU'ON ATTEND POUR ÊTRE HEUREUX ?

LETTRE OUVERTE AUX GENS QUI AIMERAIENT BIEN ETRE HEUREUX, MAIS QUI PENSENT QUE CE N'EST PAS POUR EUX

« Ce qui différencie le sort des hommes peut être ramené à trois conditions fondamentales :
Ce qu'on est
Ce qu'on a
Ce qu'on représente
Le bonheur tient fondamentalement à ce qu'on est »

Aphorismes sur la sagesse dans la vie,
Schopenhauer, 1851

Je pense qu'il n'est pas indispensable de « vouloir faire la fête », comme le dit le deuxième « vers » de ce tube des années '30 — repris dans de nombreux « remakes » plus récents.

Ou alors, la *vraie fête* personnelle — à l'intérieur de sa tête, en bon ménage avec son corps — qui peut aussi devenir *fête vraie* de la rencontre *authentique* avec les autres.

Sinon, que d'inepties prononcées, écrites à propos du bonheur… !

Peu (ou pas) d'« étude » (sérieusement menée) sur ce sujet qui concerne cependant directement **le sens de la vie**.

Par contre, que de balbutiements, « cornichoneries », dans les « pseudo » études de nombreux journaux, de magazines plutôt moins que plus spécialisés sur le sujet. La recette est simple : quelques journalistes se réunissent autour d'une table et construisent un questionnaire-type, destiné à sonder les Français, les Belges, les Suisses, les Canadiens ou les Africains sur leur conception du bonheur. On choisit le système des « questions fermées » (c'est cent fois plus facile pour interpréter les résultats ! Vous savez, le type de question : *« Voulez-vous bien classer les six rubriques suivantes par ordre d'importance en fonction de votre conception du bonheur ? »*). Des questions qui ne permettent à personne de faire apparaître leurs véritables sources de bonheur si celles-ci ne sont pas répertoriées dans la liste soumise.

Ça donne quoi ?

Des statistiques sur l'accord entre les interviewés et les conceptions de l'équipe de journalistes — à laquelle on a rapidement adjoint un diplômé en psychologie (ce qui ne veut pas dire grand-chose !)

Des « études » qui, tout en permettant des titres « accrocheurs », ne peuvent, par ailleurs, tenir compte de la difficulté, pour chacun, à **connaître consciemment les ingrédients de son bonheur** personnel.

Qui ne peuvent pas prendre en considération la difficulté qui existe d'exprimer « spontanément » certaines vérités *crues* et *nues*.

(Combien de personnes plaçant — de fait — de réelles satisfactions dans la manipulation d'autrui sont-elles capables de le dire ?)

Et pourtant, si l'on entend ce qui se dit dans les cabinets de consultation des spécialistes des relations humaines…

Mais quel rédacteur en chef — en dehors des magazines exploitant systématiquement la provocation — accepterait un titre aussi peu glorieux pour ses lecteurs, que :

> 65 % des Français déclarent tirer leur principal plaisir de l'humiliation portée à leurs voisins.

C'est ce qui ne plaît pas — ou qui fait encore et toujours peur dans les déclarations de la psychologie : c'est qu'elle met au grand jour des vérités que l'on préfère se cacher — pour pouvoir garder une bonne opinion de soi-même…

Or, le plaisir de « se sentir OK et l'autre non » comme sentiment — conclusion de ce que l'AT appelle « jeu négatif » — et qui, selon cette importante école psychologique occuperait ces fameux 65 % du temps de nos contemporains — c'est bien le « plaisir d'humilier » !

En attendant la félicidologie...

(ou véritable *science du bonheur*)

Méfions-nous des « miroirs aux alouettes » que proposent de nombreuses revues ou magazines, par ailleurs capables d'excellents articles de réflexion.

Les revues, magazines et surtout la télévision, sont probablement devenus, via la place importante qu'ils choisissent de donner à la publicité, les grands pourvoyeurs d'images de bonheur…

Qui, à notre époque, ose encore avouer que sa conception du bonheur s'est forgée d'après une confrontation personnelle entre un questionnaire posé auprès de ses proches, des rencontres avec des personnes matures capables de réflexion sur cet important sujet, et la lecture des philosophes de tous les temps ?

Pas grand monde.

Par contre, il semble exister un consensus passif — que je trouve pour ma part fort dangereux — pour s'accorder (se mettre en accord) avec les images de bonheur que proposent les médias. Lesquels, soumis aux lois des marchés, conjuguent à foison les images de bonheur dues à l'appropriation de biens, aux moyens multiples de faire plus ou moins « bonne figure » pour impressionner ses semblables. Fi de l'aphorisme de Schopenhauer, de la sagesse de Erich Fromm, ou de maître Eckaert, et de bien d'autres !

Mais si l'époque n'aime pas trop les sages quand ils dérangent notre petit confort, force m'est cependant de constater, selon mes propres moyens d'analyse, et selon mon expérience — et sans doute avez-vous la possibilité de vérifier ceci — que *fort peu nombreux* sont nos contemporains occidentaux capables de se **déclarer heureux** avec simplicité et sans forfanterie. Et autrement qu'au moment de répondre à des questions fermées, posées par des journalistes auxquels ils ne manquent pas de poser pour seule question : *« C'est pour la télé ? Ça passe quand ? »* Alors que :

Le Bonheur est bel et bien le sens de la vie et l'atteindre dépend de notre capacité à être bien avec nous-même et les autres.

C'est ce résultat que l'AT, notamment*, se propose d'aider à atteindre.

A qui propose-t-elle cette aide ?

A tous ceux qui **osent** vraiment quitter les autoroutes sur-encombrées des idées toutes faites, pour découvrir les voies des comportements *conscients* (par rapport aux comportements conditionnés par les maîtres-fabricants d'images de bonheur).

C'est ce résultat qui correspond à celui que l'AT appelle *vraiment* **GAGNANT**.

Un « GAGNANT » — non pas au sens étriqué de « gagnant *contre* les autres » (sens peut-être le plus répandu !) — et alors ? un moment d'observation à la portée de tous : celui qui « gagne contre les autres » engage sa vie dans tellement de combats qu'il se retrouve, bien logiquement, *seul* — sans ce regard d'autrui dont il a tant besoin pour *« savourer »* son *« bonheur »* (!) — mais au contraire :

GAGNANT avec SOI-MÊME et avec LES AUTRES !!!

---

* Loin de moi l'idée de considérer l'AT comme seul moyen de « réussir sa vie », d'accéder au bonheur — voir *A la Découverte de Soi*, Marabout n° 3614.

Pour terminer ce chapitre, j'aimerais citer deux maîtres-philosophes, séparés par plus de deux millénaires, et qui ont — chacun — beaucoup médité sur la notion de *bonheur*, Épicure d'une part (± 350 av. J.-C.), Alain, d'autre part (1868-1951) :

> *« Il n'est jamais trop tôt, qui que l'on soit, ni trop tard, pour l'assainissement de l'âme. »*

> *« En définitive, on doit donc se préoccuper de ce qui crée le bonheur, s'il est vrai qu'avec lui nous possédons tout, et que sans lui nous faisons tout pour l'obtenir. »*

> *[Celui qui vit en] « philosophe ne choisit jamais la nourriture la plus plantureuse, mais la plus goûteuse, ainsi n'est-ce point le temps le plus long, mais le plus fruité qu'il butine »*

> *« la santé du corps et la sérénité de l'âme, puisque tel est le but de la vie bienheureuse »*

> *« arriver au stade où l'on ne souffre pas du corps et où l'on n'est pas perturbé de l'âme »*

> *« on ne saurait vivre agréablement sans prudence, sans honnêteté et sans justice »*

> *« ainsi vivras-tu comme un dieu parmi les humains »*

(Épicure, *Lettres et maximes*, PUF 1990)

> *« On devrait bien enseigner aux enfants l'art d'être heureux. Non pas l'art d'être heureux quand le malheur vous tombe sur la tête ; je laisse cela aux*

stoïciens ; mais l'art d'être heureux quand les circonstances sont passables et que toute l'amertume de la vie se réduit à de petits ennuis et à de petits malaises. »

« Quelle chose merveilleuse serait la société, si chacun mettait de son bois au feu, au lieu de pleurnicher sur des cendres. »

« Dans cet art d'être heureux, je mettrais aussi d'utiles conseils sur le bon usage du mauvais temps. Au moment où j'écris, la pluie tombe. Les tuiles sonnent. Mille petites rigoles bavardent ; l'air est lavé et comme filtré ; les nuées ressemblent à des haillons magnifiques. Il faudrait apprendre à saisir ces beautés-là... Mais, dit l'un, la pluie gâte les moissons. Et l'autre : la boue salit tout. Et un troisième : il est si bon de s'asseoir dans l'herbe. C'est entendu, on le sait : vos plaintes n'y retranchent rien, et je reçois une pluie de plaintes qui me poursuit dans la maison. Eh bien, c'est surtout en temps de pluie qu'on veut des visages gais. Donc, bonne figure à mauvais temps. »

« Ce que l'on a point assez dit, c'est que c'est un devoir aussi envers les autres que d'être heureux. »

« J'irai même jusqu'à proposer quelque couronne civique pour récompenser les hommes qui auraient pris le parti d'être heureux. »

Alain, *Propos sur le bonheur*, Gallimard, 1928
- Folio Essais n° 21

2

OSER ÊTRE GAGNANT

On pourrait dire *« Oser Être Gagnant au “jeu” de la Vie ! »* Mais ce serait davantage un titre pour publicitaire en mal de titre accrocheur.

Parce que la Vie — la vraie, celle qui s’inscrit dans la Grande Vie — n’est pas un jeu.

Surtout si l’on se souvient du sens « négatif » du mot *jeu* en AT !

Mais, ça veut dire quoi, exactement *« Être Gagnant »* ? C’est ce que je vous propose de définir maintenant.

Chacun* a le droit de dire, de faire :	***Pensées et actions de perdant***
1. Je suis important**	On m'oubliera Il y a des grands hommes, mais moi, je ne suis pas grand-chose...
2. Je suis vraiment unique	Les hommes (femmes) sont tous les mêmes...
3. Je peux être, ressentir, faire les choses à ma façon	Mes aînés (+ des gens importants) m'ont indiqué ce qu'il faut faire...
4. J'ai des potentialités d'énergie, d'intelligence, de sensibilité, de créativité	L'homme est faible, paresseux... Il ne peut rien changer Vois comme les gens sont bêtes...
5. et je peux les développer	On ne se change pas Il y a des doués et des non-doués...
6. Je sais que la vie apporte ses souffrances et je sais les utiliser comme possibilités de croissance	Les souffrances, c'est la poisse, on ne peut rien en faire
7. J'emploie mes capacités pour *réussir* ce que je fais, pour *réussir* ma vie	D'autres peuvent réussir On ne réussit que si d'autres perdent...
8. J'accepte bien mes limites et je sais que c'est OK de rater des choses	Les échecs prouvent que moi (ou les autres) ne sont pas OK...

* Un « chacun » qui ne souffre absolument **aucune** exception !

** Bien sûr, ces affirmations sont commentées en fin de chapitre.

9. Quand je rate, je cherche *comment* faire mieux	Quand il y a des échecs, il faut trouver les responsables, les coupables
10. J'ai confiance en moi	Ça n'ira pas, je n'y arriverai pas...
11. J'ai des *sentiments* et des *émotions*, je les accueille parce que je les trouve importants, j'ose les exprimer (chaque fois que c'est adéquat) **spontanément**	On n'exprime pas ses sentiments Il faut se contrôler...
12. Je sais que c'est OK d'avoir des craintes, des peurs, de la colère et de l'exprimer	On ne doit pas exprimer ses peurs, sa tristesse, sa colère...
13. Je peux avoir mes propres *sensations*, *pensées*, *opinions*	« Te casse pas la tête, pense et fais comme moi » dit un Parent dans la tête...
14. J'apprécie les faits par moi-même	« Te fatigue pas à tant analyser les choses ! »
15. Je respecte les règles qui me paraissent utiles	Les règles, je m'en fous
16. Je peux choisir d'être ou ne pas être sérieux, selon mes propres critères	On ne fait pas le mariole dans la vie
17. Je peux vivre pleinement et librement mon corps	Il faut se tenir droit « Reste tranquille » Le sexe, c'est le péché
18. Je peux prendre le meilleur soin pour mon corps — être attentif à la façon dont je le nourris et dont je l'entretiens	On n'a pas de pouvoir sur son corps, sur sa santé Attraper ou non des maladies, avoir ou non des accidents est une question de chance

19. Je peux vivre longtemps avec bon pied, bon œil, bon sexe, bonne tête	On n'a aucun pouvoir sur sa longévité « Quand votre jour est arrivé ! ! ! »
20. Je peux profiter de la vie (et quand je le décide) retarder mon plaisir	Profiter ? Tu n'as pas honte !
21. Je peux prendre du bon temps pour moi dans ma vie	C'est égoïste ! Il faut travailler dur pour arriver
22. Je peux vivre au présent	Si on m'avait aidé... Si j'avais su ! Quand je serai... Quand j'aurai terminé... Quand les enfants seront mariés, alors tu pourras penser à toi !
23. Je peux goûter les plaisirs de la vie : gustatifs, sensuels, sexuels, relationnels, physiques, culturels	La vie n'est pas une partie de plaisir, on n'est pas là pour rigoler !
24. Je peux être conscient de mes pensées, de mes paroles et de mes actes	C'est trop compliqué, ne réfléchis pas trop !
25. Je peux choisir mes relations	Choisis tes relations en fonction de tes (nos) intérêts
26. Je peux apprécier ce en quoi les autres sont différents de moi	On ne peut jamais comprendre les autres ! Il faut changer les autres !
27. Je peux accepter, susciter ou refuser les contacts avec les autres	On ne choisit pas cela, ce sont les autres qui décident
28. Je peux décider de vivre — des relations d'amour	L'amour n'existe pas, ou alors il faut compter sur la chance...

	en couple, avec mes enfants, ma famille, mes proches **— d'amitié avec mes amis**	On ne peut pas faire confiance à des amis
29.	**Je peux exercer une activité professionnelle intéressante et bien rémunérée**	Impossible en temps de crise Il faut se contenter de ce qu'on trouve
30.	**Je peux être moi-même, c'est-à-dire *Assertif** face aux autres**	Impossible ! Il faut être plus fort, plus malin, ou se taire
31.	**Je vis surtout des relations OK><OK avec les autres sur base de contrats clairs et précis**	Il faut gagner contre les autres Il est normal de se plaindre des autres Je suis dominé par... Je me révolte contre... Il est permis de manipuler les autres pour qu'ils ne se sentent pas OK
	et quand nous avons des difficultés ensemble : j'invite l'autre à mobiliser son énergie avec moi pour trouver des solutions à nos problèmes et quand les difficultés sont importantes, j'invite l'autre à négocier (à rechercher un compromis réaliste) sur base d'objectifs précis et déclarés	Tous les schémas non-OK
32.	**Je peux être proche des autres**	Ça ne se fait pas, c'est trop dangereux !

* L'*A*ssertivité est le thème central de mon livre *Oser Être Soi-Même* (Marabout n° 2002).

33. Je peux vivre des rapports sensuels et sexuels avec quelqu'un d'autre	Non, pas de ça !
34. Je peux rester humble, en étant OK avec moi-même	Si tu es comme dit ci-contre, tu ne peux qu'être vantard !
35. Je peux vivre des rapports honnêtes avec les autres et être transparent	Si tu es trop honnête, les autres vont profiter de toi
36. Je peux décider de changer des choses dans ma vie (à 20, 50 ou 80 ans !!!)	On ne se change pas !
37. Je peux dire : JE SUIS OK — LES AUTRES SONT OK	Ouais, tout le monde est beau, tout le monde est gentil !!
38. Je peux, et j'ose dire quand je suis heureux	Aaaaaahh ! (râle d'agonie)

Commentaires

Ne sont bien sûr commentés ici que les articles de cette « charte » qui ne font pas ailleurs — dans ce livre — l'objet d'un développement.

1. Une façon de se sentir important qui n'a rien à voir avec la forfanterie, l'orgueil et la vanité.

2. Nous différons déjà au niveau des empreintes digitales, alors...

4. Des circonstances défavorables de vie peuvent amener à douter de nos richesses personnelles, mais pas fondamentalement !

5. A. Loewen disait que le bonheur, c'est de sentir qu'on se développe, qu'on évolue.

7. La réussite de la vie est plus importante que la réussite d'une affaire, d'une conquête, d'un combat.

8 à 13. Des aspects fondamentaux pour arriver à se sentir bien, se sentir OK.

15. Ceux qui ne respectent pas de règles de comportement à l'égard des autres se retrouvent seuls ; à l'écart des règles sociales, ils se retrouvent sans emploi, à l'asile, à l'hôpital, en prison, ou au cimetière !

16. La détente, l'humour et le rire véritables sont aussi indispensables à l'homme que l'air.

17. Même chose en ce qui concerne l'exercice physique, la pratique sexuelle.

18. Ce principe fondamental épicurien n'est pas incompatible avec des pratiques ascétiques de développement spirituel*.

19. Arriver à quoi ? A être le plus riche du cimetière ?

22. Assez difficile, notre système éducatif privilégiant constamment la fuite dans le passé ou le futur.

24. Assez difficile, la personne qui devient plus autonome est souvent l'objet de nombreuses tentatives de manipulation de son entourage, qui vont notamment essayer de la culpabiliser au sujet de son évolution, de ses changements.

27. Contrats clairs et précis.

28. Voir 5.

38. Le bonheur est la plus saine des contagions.

---

* Voir *A la Découverte de Soi*, Marabout n° 3614.

Il s'agit bien sûr de l'exprimer dans le plus grand respect des autres (vouloir « montrer » son bonheur aux autres peut rapidement devenir un jeu négatif « Le mien est mieux que le tien »).

Il importe aussi de bien savoir que « rien n'est jamais acquis » définitivement (un être cher, un bien précieux peuvent disparaître…, une guerre peut nous atteindre), sans quoi on se trouve dans une dangereuse illusion.

3

C'EST QUOI ENCORE, CETTE ANALYSE TRANCEPTUEL... TRANSACTUELLE... ?

TRANSACTIONNELLE, MONSIEUR MARTIN,
TRANSACTIONNELLE !

Oui, je sais. Il y a quelque chose de curieux à avoir édifié une méthode *volontairement simple* dans ses « grilles d'analyse » mais « affublée » d'un nom générique compliqué !

C'est pourquoi, entre nous — entre connaisseurs — je vous propose de parler dorénavant de :

l'**AT**.

La plupart des « deuxièmes ouvrages » relatifs à une méthode originale proposent en début de volume un résumé récapitulatif des éléments de cette méthode.

J'ai choisi de procéder comme suit. Je propose, dans les pages qui suivent une **Fiche pratique** intitulée « Donnez une information d'introduction à l'AT à vos proches ».

Vous pouvez donc choisir de la lire comme si vous étiez un participant à cette séance d'information ou, si vous n'avez pas trop perdu de vue les concepts de l'AT, de la relire en guise de préparation d'une séance que, vous-même, vous animerez…

Présenter l'AT à vos proches

Vous avez été assez « séduit » par la pertinence de cette méthode. Et vous voudriez en faire profiter plusieurs personnes, autour de vous. (Ne cherchez pas la quantité dans votre auditoire ! Mais, surtout, des gens à qui vous voulez du bien. Des proches, quoi !) Je vais vous proposer ci-dessous un plan de sensibilisation à l'AT. Si vous l'utilisez comme je vous le propose, il importe de vérifier si, dans votre esprit, l'intention d'*offrir un cadeau* particulier à des personnes de votre entourage est bien nette — N'entreprenez surtout pas cela pour *changer* des personnes proches. (Vous n'en sortiriez pas OK ! Rappelez-vous que Berne a qualifié de jeu négatif cet usage des connaissances en AT — jeu qu'il a bien sûr dénommé « *Analyse Transactionnelle* ».)

Je pense qu'il est inutile de rappeler l'importance du *milieu* dans lequel vous ferez votre « exposé » (confort de la pièce, des participants, tableau pour schémas).

Le canevas que je vous propose ci-dessous fait appel au code suivant :

▶ Ce signe annonce les éléments fondamentaux et leur développement, à proposer à votre public.

Les développements complémentaires — mais pas indispensables — sont composés dans ce caractère, plus petit. Il est également utilisé pour des développements à l'adresse du futur animateur que vous serez peut-être (proposition d'exemples, conseils directement pratiques pour votre exposé...).

(*) Ce signe indique qu'il s'agit de notions qu'une première approche peut laisser insuffisamment maîtrisée. Certains concepts en AT (tels que l'Enfant Adapté, les jeux négatifs) sont parfois présentés avec une telle rapidité par certains animateurs, que l'on est en droit de se demander si leur perception n'a pas été masquée par leur inconscient.

Si vous n'êtes pas habitué à donner ce genre de « petites conférences », sachez que plus vous lirez d'ouvrages sur le sujet (voir Bibliographie, en fin de volume), plus vous en discuterez avec d'autres lecteurs, plus vous maîtriserez votre sujet.

Il sera également du plus grand intérêt pour vous d'assister à une « Initiation à l'AT », aussi appelée « 101 » (One-O-One), donnée par une personne compétente.

Ce texte est volontairement écrit dans un style parlé de notre temps.

FICHE N° 1

Donnez une information sur l'AT à vos proches

1re partie

Je vous suggère de présenter votre exposé comme suit :

▶ Pour ce « petit exposé », je vous propose de suivre le processus suivant : Je vous expose les premiers outils de la méthode — cela durera environ une heure, puis nous nous arrêterons un moment pour souffler, se détendre, etc.
Je proposerai ensuite la deuxième partie de découverte des outils de l'Analyse Transactionnelle (durée : encore une heure) puis nous échangerons nos impressions sur cette méthode d'analyse des relations humaines et de la psychologie personnelle.
Je ne suis pas un spécialiste de cette méthode, j'ai lu (5 ou 6) livres sur le sujet, et les Analystes Transactionnels — il faut étudier le sujet plusieurs années pour devenir un Transactionnaliste performant — insistent pour nous avertir du danger qui existe à utiliser leurs outils négativement, c'est-à-dire comme moyens de jugement de nos semblables.

▶ Nous allons maintenant entrer dans le vif de notre sujet : L'Analyse Transactionnelle — je propose de dire dorénavant « AT » — est une méthode d'explication de « ce qui se passe » dans les relations que les humains ont avec les uns avec les autres, mais aussi avec eux-mêmes.
C'est dans les années '50 que son fondateur, Éric Berne, jette les premières bases de cette méthode « révolutionnaire ».
Pourquoi « révolutionnaire » ?

Parce que, bien que rigoureusement scientifique, elle emploie des mots simples, et cependant pertinents. L'AT prend place dans un mouvement que l'on appelle « psychologie humaniste ».

La psychologie humaniste s'est développée à côté de la psychologie classique, laquelle, elle-même prolongement de la psychiatrie, a été surtout édifiée à partir de l'étude des dysfonctionnements humains. En réaction à cette approche des comportements humains, la psychologie humaniste postule que l'homme est surtout un être plein de potentialités, et elle s'intéresse davantage à l'individu capable de développer ces potentialités, qu'à l'individu malsain.

▶ Dans le Moi de chaque individu, l'AT distingue trois façons d'être — on dira trois « **États** » différents.

Dessinez sur un tableau les trois cercles qui symbolisent les 3 États du Moi. Les milieux transactionnels insistent pour que les schémas comprennent trois cercles qui se touchent.

Utilisez ici l'expérience du « **tube de dentifrice** » [1].

---

1. Voici les grandes lignes de cette expérience. Vous en trouverez la description complète dans *L'Analyse Transactionnelle*, Marabout n° 3516, p. 19.

« L'expérience du tube de dentifrice » est l'une des meilleures situations imaginées pour faire percevoir la présence des 3 États du Moi chez chacun. Elle consiste à inviter à s'imaginer « curieux » en commençant à jouer (Enfant) avec un type bizarre de tube de dentifrice, trouvé dans la salle de bain… jusqu'à ce que des messages Parent viennent interrompre ce moment de « folie ».

▶ Expliquez que l'on a donné le nom d'**État Enfant** à cette partie de nous-même qui aime s'amuser, qui aime chercher tout ce qu'il y a moyen d'inventer avec quoi que ce soit — un tube de dentifrice, des notes de musique, des idées, qui rit, qui pleure, qui a peur, qui peut se mettre en colère ou être triste. Cet Enfant en nous est très important parce que c'est là que nous ressentons tout ce qui nous touche. Et lorsque nous réagissons avec spontanéité, on dit en AT que nous réagissons avec notre Enfant Libre.

Écrivez EL dans le demi-cercle correspondant.

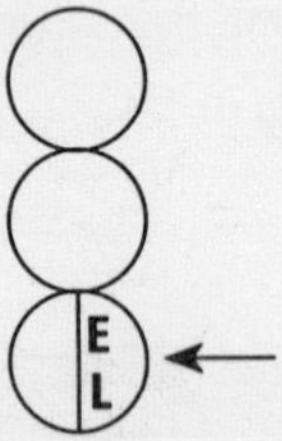

▶ Dans l'État de notre personne qui concerne nos besoins, nos sentiments et nos émotions, coexiste également une part que l'on appelle l'**Enfant Adapté (*)**, parce que cela représente la part de nous-même qui « s'adapte » aux besoins des autres.

Écrivez EA.

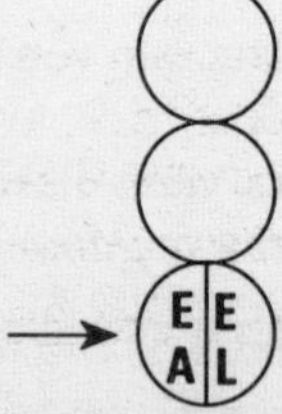

▶ Cette partie de nous-même est très précieuse, parce qu'elle nous protège les uns des autres… Lorsque je me déplace en voiture, je n'ai, spontanément (montrer l'EL, au tableau), pas envie de m'arrêter au feu rouge. Heureusement, pour moi et pour les autres qu'il y a en moi un État de « besoins adaptés aux besoins des autres ». C'est le côté positif de cette partie de notre Enfant.
Son côté négatif, c'est quand il « devine » les besoins des autres et qu'il s'y **soumet** par trop. Une soumission qui peut aller jusqu'au **rôle** de Victime (Écrire V à côté de EA). Le « rôle » de Victime se distingue de la vraie situation de victime, dans la vie.

Écrivez V à côté de EA.

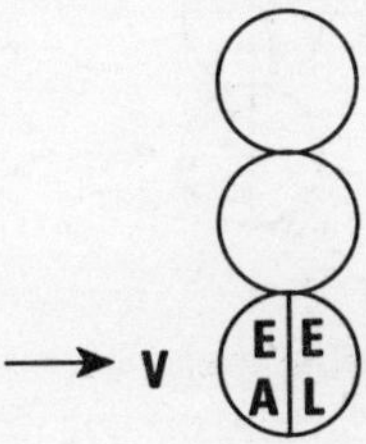

▶ En AT, on appelle **« rôles »** des attitudes exagérées, injustifiées par la situation, mais qui sont des rôles que la personne a pris l'habitude d'adopter dans certaines situations.

▶ Probablement, pendant que vous étiez occupé à jouer avec votre tube de dentifrice, avez-vous entendu une *voix dans la tête* qui vous disait des choses comme *« T'as pas fini de faire le gamin ! »*

Invitez vos participants à citer d'autres messages Parent. Dites ensuite :

▶ D'où proviennent ces messages ? De nos parents, de

nos aînés. Ils sont enregistrés dans une partie de nous-même que l'AT appelle l'État Parent, parce que lorsque nous sommes en face d'un petit ou d'une autre personne adulte, nous reproduisons (avec ses gestes, son ton de voix particulier) les messages qui s'y trouvent : *« C'est bien ! Il ne faut pas... » « Il faut toujours... »* Ici aussi, nous allons diviser cet État en deux, parce que tout ce que nous venons de reconnaître, ce sont des « normes » — les nôtres, croyons-nous fréquemment...
C'est pourquoi on appelle cette partie de l'État Parent, le **Parent Normatif**.

Écrire PNf, dans le demi-cercle représentant cet État.

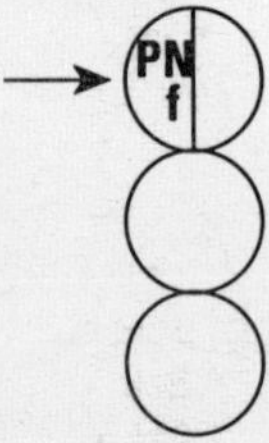

▶ C'est souvent à partir des messages qui se trouvent stockés dans cette partie de nous-même, que nous jugeons les autres — ou ce qu'ils font. Parfois, nous utilisons les messages du Parent Normatif pour « dévaloriser » l'autre. Exemple : *« Espèce d'idiot ! », « Tu n'es qu'un fainéant ! »*
C'est pourquoi l'AT reconnaît que l'on est facilement dans un rôle de Persécuteur (écrire P à côté de PNf), à partir de cette partie de l'État Parent, que certains préfèrent d'ailleurs nommer le Parent Critique.

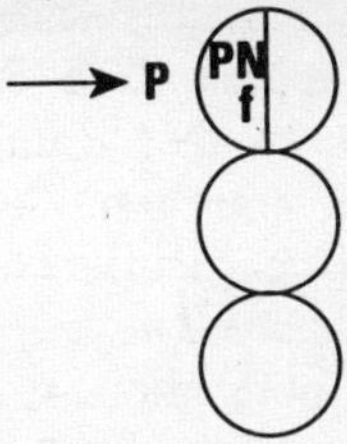

▶ Mais le Parent a aussi, heureusement pour nos États Enfant, une autre face, qu'en AT, on nomme le **Parent Bienveillant**.

Écrire PBt.

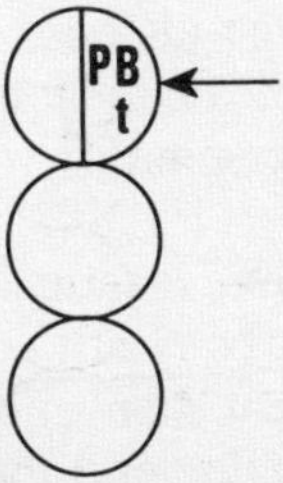

▶ (Certains disent le Parent Nourricier.) C'est la partie Parent qui contient les messages, les gestes, les attitudes d'aide, de protection, d'encouragement, les *« Tu es un chouette petit garçon »*, *« Une fille merveilleuse »* et plus tard *« Vous avez merveilleusement réussi cette réception »*, *« Tu as une superbe façon d'arranger ce problème ! »* et, une fois encore, il existe une façon négative d'utiliser cette partie de notre Parent, c'est quand on l'utilise trop et que, du coup, on devient Surprotecteur. Et ça, aussi, devient un rôle — assez présent dans l'éducation —, un rôle que l'on appelle Sauveteur.

Écrire S à côté de PBt.

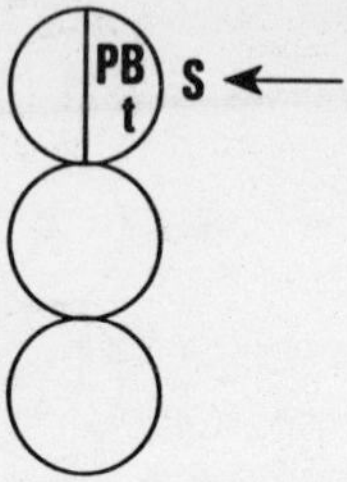

▶ C'est ce qui se passe lorsque quelqu'un se porte continuellement au-devant des besoins « supposés », « devinés » des autres. Comme cette maman dont les 3 grands garçons ont dépassé les vingt ans, et qui cire encore leurs chaussures tous les matins.
Mais utilisé avec justesse, l'emploi du Parent Bienveillant permet d'établir de bonnes relations avec beaucoup de personnes.

▶ Nous savons donc maintenant qu'il y a en chacun de nous un Parent Normatif — qui est parfois Persécuteur —, un Parent Bienveillant — qui est parfois Sauveteur —, un Enfant Libre, et un Enfant Adapté — qui est parfois Victime.
Avouez que la vie serait certainement fort difficile si nous n'avions, d'une part, que des besoins, des envies, des expressions spontanées, et d'autre part, un gendarme et un protecteur ! ! !

▶ Heureusement pour nous, nous avons à notre disposition un troisième État du Moi, que l'AT appelle notre **État du Moi Adulte**.

Écrire A dans le cercle central.

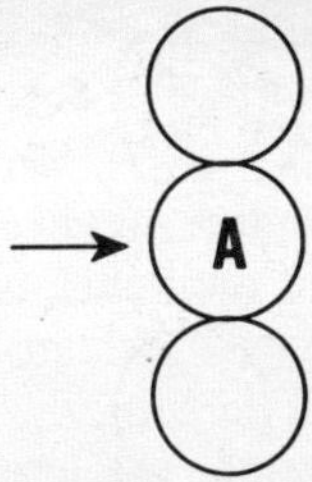

- C'est notre capacité à analyser par nous-même les données de la réalité, pour y réfléchir et prendre nos propres décisions. L'analyse des données de la réalité, c'est aussi — et souvent — l'analyse des normes de notre Parent Normatif, et celle des « pulsions » de notre Enfant, en vue de la meilleure décision possible. Dans un bon usage, ce peut être quelque chose comme :
  « Voyons, chez moi on disait toujours » (expression de mon Parent Normatif : *« Ne sors pas avec un étranger »*, hors mon fils souhaite aller au cinéma avec son ami Hedi, qui est Iranien (analyse de mon Adulte). Je décide (décision de mon Adulte) que le message Parent n'est pas adéquat, et j'autorise mon fils Boris à sortir avec son ami étranger.
  Voilà un exemple de dialogue positif entre les États du Moi d'une personne.

- Exemple avec l'État du Moi Enfant.
  « J'aurais bien envie de voir un film à la télé ce soir (Enfant Libre), *mais il faut que je remplisse ma Déclaration d'impôt »* (Enfant Adapté, exprimant cela sur un ton Victime)... Mon Parent Normatif indique *« qu'il ne faut jamais remettre au lendemain... »* Mon Adulte analyse la situation, conclut que la norme Parent est adéquate, cette fois et mon Parent Bienveillant m'encourage en me disant : *« Mais tu peux le faire en écoutant ce bon vieux*

disqu... Count Basie et en sirotant un petit porto que ... mes tant».

▶ **Voilà déjà un premier usage de cette première grille de l'AT :** une meilleure communication avec soi-même, grâce à une meilleure analyse et compréhension de nos États du Moi.

Une personne épanouie est une personne qui dialogue spontanément entre ses États du Moi.

Dans une première présentation, comme celle-ci, il ne me paraît pas indispensable de présenter l'Analyse Structurale de 2e ordre — voir dans cet ouvrage, p. 71.

Il existe surtout deux formes de dysfonctionnement, au niveau de ces États du Moi. Ce qui est appelé **exclusion** est la situation dans laquelle un État du Moi, parfois deux, même, semblent absent. Ce qui est appelé **contamination** est l'influence disproportionnée d'un État du Moi dans un autre. (Voir Marabout n° 3516).

▶ Nous allons maintenant faire connaissance avec un deuxième outil, celui qui donne son nom à la méthode : **l'Analyse des Transactions** qui sont échangées dans les relations humaines (ou Analyse Transactionnelle).

En effet, lorsqu'une personne émet un message, elle le fait à partir de l'un de ses États du Moi, et — la plupart du temps — elle s'adresse à un État du Moi de l'Autre.

Par exemple, un petit s'est fait mal. Son État Enfant émet des pleurs et un balbutiement : *« Ouhouhouh ! Que je m'ai fait mal ! »*

Très petit, il « sait » déjà qu'il peut « appeler » le Parent Bienveillant de la grande personne qui se trouve en face de lui.

Dessinez 2 fois 3 États du Moi, dessinez la flèche qui va de l'État Enfant du petit vers l'État Parent Bienveillant de la grande personne.

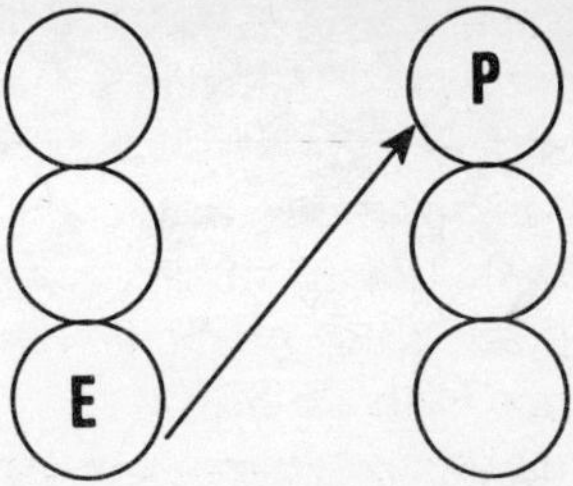

► puis poursuivez l'exemple : Dans le cas où la grande personne perçoit avec justesse ce qui se passe, il répondra probablement avec son État Parent Bienveillant.

Dessinez la deuxième flèche, qui va du Parent Bienveillant à l'État Enfant du petit. Dites cette réponse :

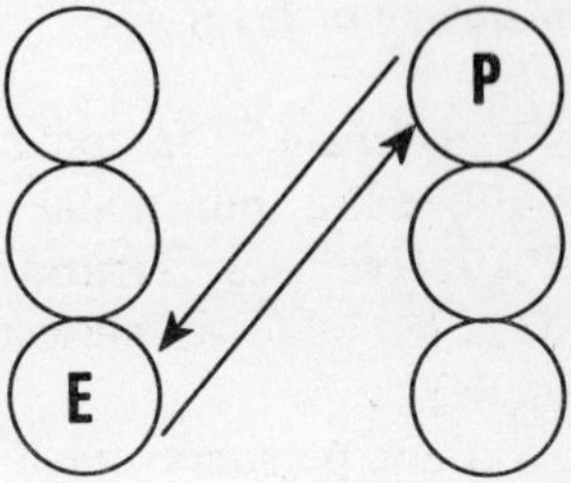

► *« Viens, mon petit, Papa va te consoler ! ! ! »*
Dans ce cas, on se trouve face à ce que l'AT appelle des **transactions complémentaires**, dont il est dit qu'elles peuvent se prolonger longtemps, un peu comme dans une partie de ping-pong.

► On comprendra mieux cela en imaginant des transactions complémentaires Adulte-Adulte.

Dessinez-les, et donnez les messages suivants en exemple :

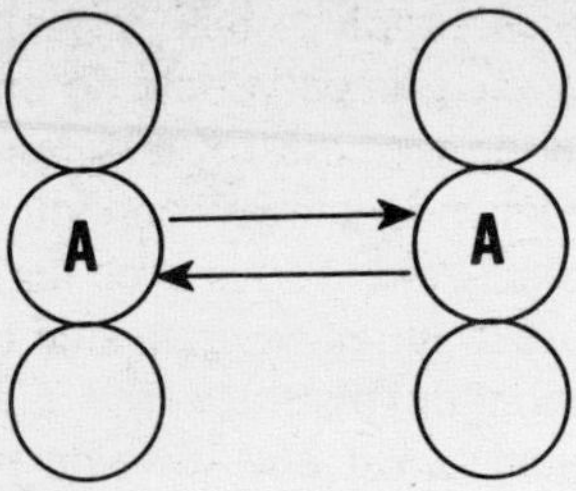

« Vous êtes le vendeur attitré de cette marque ?
— *Oui, Monsieur*
— *Et combien coûte ce modèle ?*
— *50 000 F, mais si celui-là vous intéresse, je pourrais vous proposer une bonne réduction.*
— *De combien ?*
— *10 %.*
— *Et vous en avez en stock ?*
— *Oui, bien sûr. Et même... »*

▶ Par contre, si le papa de tout à l'heure avait répondu à l'appel lancé à son Parent Bienveillant, par une réponse (que lui aurait voulu) Adulte-Adulte, cela aurait probablement « coincé » quelque part et arrêté l'échange.
C'eût pu être : *« Une simple ecchymose n'est pas douloureuse. »*

Dessinez cette transaction Adulte-Adulte émise par la grande personne.

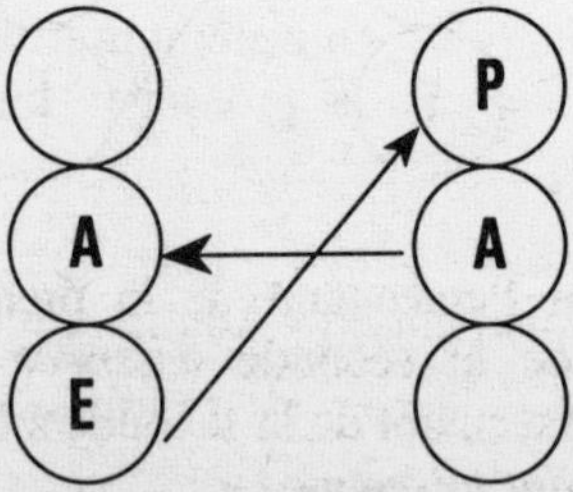

▶ Ces exemples simples nous permettent de constater qu'il existe une grande variété de transactions, et que les résultats de « ce qui se passe » dans les relations humaines dépendent beaucoup du type de transactions que nous échangeons avec les autres.
Voici encore d'autres exemples de transactions :
La discussion de bistrot *« Ah ! Ces incapables du gouvernement ! »* est une série de transactions complémentaires Parent-Parent.

Montrez du doigt en dessinant un nouveau schéma,

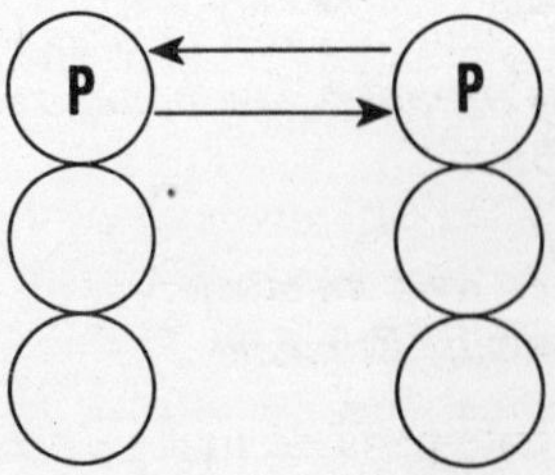

▶ tandis que les transactions croisées d'une sérieuse dispute sont représentées comme suit :

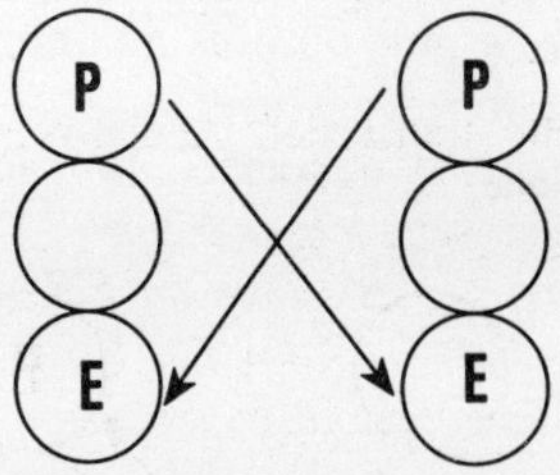

▶ Du Parent Persécutant de la première personne à l'Enfant de la seconde *« Espèce d'idiot ! »* et du Parent Persécutant de la seconde à l'Enfant de la première *« Idiot toi-même ! »*.

On peut comprendre ici pourquoi j'ai insisté plus haut sur la nécessité de bien connaître son sujet. Un participant peut en effet demander ici pourquoi l'on dessine les transactions de cette façon. Il importe de pouvoir donner la réponse avec assurance :
C'est parce que l'insulte appartient au répertoire de l'État Parent Normatif engagé dans le rôle Persécuteur, et qu'elle s'adresse à l'État Enfant, parce que c'est la partie qui « ressent » les choses.

▶ Dans la vie, il est des situations qui évoluent favorablement en répondant par des transactions complémentaires — comme dans les exemples d'échanges d'informations Adulte-Adulte.
Dans d'autres situations, il peut être utile de pouvoir « croiser » la transaction.

Exemple : Si un collègue essaye d'**accrocher** votre Parent Bienveillant avec son Enfant Adapté en position de Victime (Montrez ou dessinez) : *« Ouyououee... Ce que j'ai encore mal au dos, ce matin ! »*, il est probablement efficace de lui proposer comme réponse une transaction Adulte dirigée vers son Adulte : *« Je te suggère de téléphoner à ton médecin pour prendre un rendez-vous »*.

Encore **un autre exemple :**
On apprend de plus en plus aux employés commerciaux qui se font « agresser » par le Parent Persécuteur des clients à « croiser » la transaction par des questions adressées à leur Adulte :
« Qu'est-ce que c'est pour un fichu engin que vous m'avez livré là !
— Quel est exactement le problème, Monsieur ? »

Voilà. Il est intéressant de vérifier si l'auditoire a bien saisi les informations données jusqu'ici avant d'aborder la suite.

▶ On peut se poser la question : pourquoi les humains échangent-ils des transactions ?

Invitez l'auditoire à fournir des réponses, que vous tenterez de synthétiser en catégories. Vous en obtiendrez probablement une part importante entrant dans la catégorie des échanges d'informations, via la transaction Adulte-Adulte, comme demander et donner des renseignements, donner des ordres via la transaction Parent Normatif-Enfant Adapté, telle que *« Mettez ce casque sur le chantier »*, *« Bien, Monsieur »*, exprimer des sentiments, via la transaction Enfant-Enfant, etc.
Faites la synthèse des réponses reçues, en les schématisant au tableau.

▶ Si vous avez proposé l'exercice ci-dessus, poursuivez avec ce commentaire :
Parfait, nous avons déjà trouvé de bonnes raisons d'échanger des transactions, telles que les échanges d'informations, les échanges de sentiments, etc.

Vous pouvez « risquer » d'ajouter — parce que c'est souvent le cas avec un public néophyte :

▶ Je constate que nous avons à faire à un public très civilisé, parce que vous n'avez pas cité les injures, les « dévalorisations », les disputes ! » qui émanent habituellement du Parent Normatif dans son rôle Persécuteur vers l'Enfant de l'autre qu'on tente alors bel et bien de rendre Adapté, c'est-à-dire Soumis. Nous y reviendrons plus tard…

▶ Nous allons maintenant faire un petit exercice.

Dessinez trois carrés en y mettant les lettres A, B, C.

Des savants américains ont effectué l'expérience suivante, avec des rats.
Dans chacune des trois cages on a placé des rats, identiques, de même âge, leur donnant la même nourriture.

Pourquoi trois cages ? Parce qu'on a adopté des comportements différents avec eux. Avant de vous décrire ces comportements, je vous formule la question que je vous poserai tout à l'heure : « Quels sont les rats que l'on trouvera au bout de l'expérience dans le meilleur état, la meilleure santé ? Et quels sont ceux qui seront découverts dans le plus mauvais état ? »

Je vous explique maintenant les différences de traitement.

Avec les rats de la cage A, on s'est montré gentil — on les caressait au moment de les nourrir.

Les rats de la cage B recevaient leur nourriture d'une façon automatique. Donc, ces rats étaient nourris sans avoir de contacts avec les humains.

Quant aux rats de la catégorie C, ils recevaient des coups de la part des expérimentateurs.

Voilà les données. Je vous répète la question : « Quels sont les rats qui sont sortis de l'expérience avec la meilleure santé ? Et ceux qui s'en sont moins bien tirés ? »

Laissez un petit temps aux participants pour réfléchir.

Il ne se pose habituellement aucune question au sujet du groupe A, qui sort évidemment vainqueur de la confrontation.

50 % donnent B *et* C comme réponse à la deuxième question.

Dites que la bonne réponse est B et ajoutez :

▶ Pour certains, vous allez peut-être pour la première fois de votre vie accepter avec votre Adulte que vous vous êtes trompé, sans laisser votre Parent Normatif « engueuler » votre Enfant : donc pas de *« Ouais, qui est-ce qui s'est encore une fois planté ? C'est moi ! »* Non, je vous invite à accepter cette nouvelle règle : C'est OK de se tromper. C'est OK de ne pas tout savoir !

En général, vous percevrez une certaine résistance sur ce point, et c'est le moment de faire preuve d'humour avec quelque chose comme :

▶ Ah ! Voilà une première norme qui n'est pas toujours facile de changer !

Attention ! Vous courez ici un vrai risque d'être entraîné dans un jeu négatif ! Ne pas entrer en discussion, mais expliquez :

▶ Les faits sont là. On observe, scientifiquement, que les rats qui ont reçu des coups se portent mieux que ceux qui ont pu se nourrir automatiquement.

Puis poursuivez :

▶ Quel rapport cela présente-t-il avec notre sujet ?

Laissez parler les personnes qui ont donné la bonne réponse en synthétisant leurs apports :

▶ Eh oui ! Il en est de même avec les humains.
Les humains vont faire beaucoup pour ne pas être ignorés… *« Aime-moi, ou déteste-moi, mais surtout, ne m'ignore pas. »* Certains « s'arrangent » — sans être clairement conscients de ce qu'ils font pour cela — pour recevoir des « coups » (des insultes, des dévalorisations, des menaces, etc.).
C'est une dure loi de la vie ! ! !

▶ Et nous venons de refaire, en raccourci, l'une des autres grandes découvertes de l'AT :
En plus des bonnes raisons données par les États Adulte qui se sont exprimés il y a quelques minutes, telles que « Les humains vivent des transactions pour échanger des informations », ils le font aussi pour satisfaire des besoins moins connus.

Écrivez au tableau ces besoins.

Les besoins de strokes,
de positions de vie
de structures.

▶ Les **strokes** sont ces unités de contact dont nous avons autant besoin que les rats dont nous venons de parler.
Fort heureusement, c'est une denrée fort répandue. Un simple échange de « Bonjour ça va ? — Bonjour, ça va ! » en contient déjà.
Et il en va en matière de strokes comme des calories. Certains en contiennent peu, d'autres davantage.
Les strokes sont, en quelque sorte, nos calories psychologiques.
Être regardé par quelqu'un dans la foule en contient un tout petit peu, tandis qu'une dispute sérieuse en contient énormément.
A la différence des calories alimentaires, il existe des strokes positifs et d'autres, négatifs.

▶ Les positifs sont ceux qui font vraiment du bien. Les messages affectueux, les signes de reconnaissance de nos qualités, de nos charmes, de nos talents. Les négatifs, c'est évidemment l'inverse : les expressions de dévalorisation, les signes de dédain, les agressivités verbales ou physiques.
Et comme nous ressemblons aux rats, nous préférons des strokes négatifs plutôt que leur absence.
Et on peut observer comment beaucoup d'humains s'arrangent pour obtenir des strokes positifs (ce que tous souhaitent, mais…).
Donc, nous savons que nous avons des transactions avec les autres pour les raisons déjà évoquées tout à l'heure, mais aussi pour une raison très fondamen-

tale, mais moins connue : obtenir des strokes, positifs ou négatifs.

▶ Un autre *besoin* mis en évidence par l'AT, c'est ce qu'on appelle **le besoin de position de vie**.
Face aux autres, les humains éprouvent le besoin de se situer : — soit ils s'apprécient eux-mêmes et ils apprécient leurs semblables (... et la vie !) — l'AT, dans son intention de trouver des expressions simples appelle cette attitude existentielle la **position de vie Je suis OK-Tu es OK,**
Et ainsi de suite...

▶ Il y a donc 4 positions de vie possibles (que les humains manifestent soit comme positions fondamentales dans leurs existences, soit occasionnellement).
Je suis OK-Tu es OK, donc.
Cette position de vie-là est celle que l'AT, selon son éthique, considère comme celle de la personne équilibrée et épanouie.
La position Je ne suis pas OK-Tu es OK entraîne de nombreux comportements de soumission, d'admiration de l'autre.
Quand on est dans cette position de vie, on se comporte facilement en Victime.
La position Je suis OK-Tu n'es pas OK entraîne des comportements de dévalorisation de l'autre.
Dans cette position de vie, on est souvent Critique ou Persécuteur (et souvent agressif).
Et dans la position de vie Je ne suis pas OK-Tu n'es pas OK, on se trouve généralement dans une attitude de passivité, de fuite (rien n'est OK).

▶ Nous avons en général une position de vie fondamentale, mais les échanges — les transactions — que nous avons avec les autres, nous amènent à passer par les trois autres types, ne fût-ce que pendant un moment assez court.

Je vous invite à illustrer ceci en racontant un moment vécu dans la transaction Je - OK/Tu - OK.
Au cas où vous n'en trouveriez pas (? !), vous pouvez toujours raconter celle-ci :

▶ Arrêté par un gendarme assez agressif, je me suis emberlificoté pour lui répondre. Quand j'y repense, je ne le trouvais pas OK, ni moi non plus !

▶ Voilà ! Nous avons déjà fait connaissance avec deux des besoins — connus — qui font que les humains échangent des transactions : le besoin de strokes, et le besoin de positions de vie.

Selon votre expérience de l'animation, vous pouvez avoir eu besoin d'une première heure, pour exposer ce qui précède.
Ce peut donc être un bon moment pour proposer une interruption, dont je vous invite à définir la longueur avec les participants à votre séance.

FICHE N° 2

Donnez une information sur l'AT à vos proches

2e partie

Après l'interruption.

▶ Nous reprenons avec le troisième besoin moins connu, mis en évidence par l'AT : le besoin de structure.
Les humains se comportent « comme si » — ne sachant pas très bien comment se comporter entre eux — ils avaient mis au point, tout au long de l'histoire, des « manières de se comporter », selon les circonstances.
Pour Berne, l'explication en est qu'il n'y a que deux façons d'être ensemble, pour les humains, qui soient totalement satisfaisantes :

▶ **1.** Lorsqu'ils résolvent ensemble des problèmes (et cela concerne tout autant le fait de s'attaquer à un problème domestique qu'à un problème de vie professionnelle), c'est-à-dire essentiellement des transactions Adulte-Adulte.

▶ **2.** Dans les relations authentiques (c'est-à-dire celles où chacun ose exprimer sa vraie réalité) comme dans des situations de proximité ou d'intimité psychologique, c'est-à-dire, essentiellement des relations Enfant-Enfant. Mais on ne peut pas passer sa vie à résoudre des problèmes, et, comme d'autre part, les relations authentiques, ou de proximité, ne sont pas des plus faciles à créer, les humains ont « inventé » d'autres façons d'échanger des transactions, d'occuper leur temps — C'est pourquoi cette grille porte aussi le nom de **« Grille de Structuration du Temps »**.

Selon cette grille, on observe **six façons** assez différentes qu'ont les humains de gérer leurs transactions.

Je vous suggère d'écrire au tableau :

▶ **Structuration du Temps :**

▶ **1. Le retrait**

Nous avons tous besoin de prendre du recul, de nous retrouver seul avec nous-même. (Cela se passe même pendant un repas agréable, vous savez : ces moments courts pendant lesquels on « quitte » un moment la compagnie des autres — Cela peut se passer à l'instant même, au cours de cet exposé !) Parfois, on prend plus de temps pour une retraite avec soi-même.

▶ **2. Les rituels**

Ce sont ce que l'usage courant définit pour cette expression, à savoir nos moyens très simples d'entrer en contact avec les autres, nos « Bonjour, ça va ? » (dans lesquels nous ne posons pas vraiment à notre interlocuteur une question le concernant !).

▶ **3. Les pastimes**

(Je préfère garder le terme anglais parce que ce concept d'AT signifie beaucoup plus que ce qu'on entend, en français, par : passe-temps). Les pastimes sont des conversations « très programmées » (on dit parfois des conversations toutes faites où l'on semble brancher un enregistrement préexistant sur un sujet donné). Une circonstance où tout le monde maîtrise le pastime, c'est le cocktail, dans lequel chacun cherche habituellement des petits groupes où l'on « échange » des pastimes qui lui conviennent (bagnoles, politique, cuisine, éducation des enfants, cinéma, sport, etc.). Ce sont davantage des transactions Parent-Parent, parce qu'il ne s'agit pas de « vrais » échanges d'informations.

▶ **4. Les activités ou résolutions de problèmes ensemble**

Ce sont ces échanges Adulte-Adulte très satisfaisants, parce que quelque chose est résolu, que ce soit après avoir demandé et obtenu une indication pour trouver son chemin, une information sur un tarif, fait une vaisselle ensemble ou résolu n'importe quel type de problème professionnel.

Je passerai directement au 6, le 5 demandant plus d'explications.

▶ **6. Les relations authentiques**

Ce sont ces transactions Enfant-Enfant où l'on exprime spontanément ses sentiments d'inquiétude, de doute, de peine, de tristesse, de colère **(sans agressivité)** ou de joie. Ce sont aussi les échanges intimes, physiques ou non.

J'ai mis : colère, suivi de « sans agressivité » en gras, parce que c'est l'un des apports de la psychologie humaniste qui surprend le plus ceux qui la découvrent : C'est que, dire, avec un ton ferme « Je suis très fâché contre toi » est une affirmation qui (1) soulage vraiment celui qui sait l'exprimer (2) atteint son objectif vis-à-vis de l'autre, même exprimée sans agressivité.

C'est une pratique « normale » et « souhaitable » en couple, en famille et dans la vie professionnelle, parce que l'expression de la colère est naturelle et régulatrice.

▶ **5. Les jeux négatifs** (on peut aussi dire les jeux psychologiques ou les stratagèmes, parce que, la plupart du temps ils n'ont rien d'amusant !) C'est un peu la

« grande affaire », la « grande découverte » de l'AT ! Berne pensait que les humains y consacrent 75 % de leurs échanges, de leurs transactions.
Qu'est-ce qu'un « jeu négatif » ?

Dessinez au tableau les 2 schémas suivants :

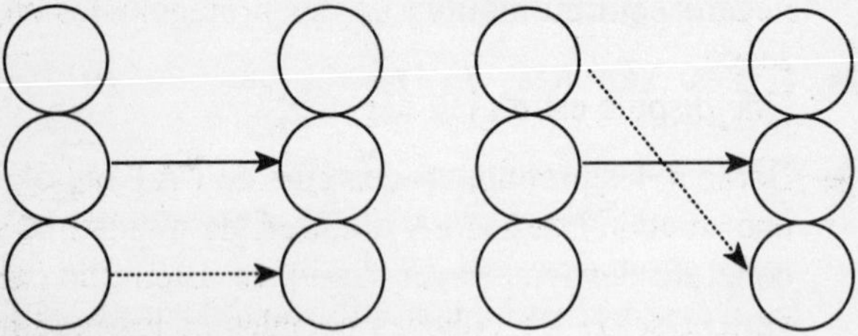

Puis expliquez :

▶ Les jeux négatifs sont basés sur des transactions cachées (on dit aussi : à double fond) parce qu'il y existe deux niveaux :

▶ 1. Ce qu'on appelle le **niveau social** ou visible de la transaction, ce qu'entendrait un auditeur présent dans la pièce.
Les paroles « Êtes-vous occupée, ce soir ? » dans un premier exemple.
Les paroles « Ce rapport manque d'envergure ! » dans un second exemple.

▶ 2. Le **niveau psychologique** ou caché, ce qui est « vraiment dit ou ressenti ».
Le message « J'aimerais passer la soirée avec vous ! » dans le premier exemple.
Le message « Votre travail ne vaut rien ! » dans le second exemple.
Les humains passent beaucoup de temps dans ce type de transactions, dans leurs familles comme dans la vie professionnelle.

L'AT pense qu'il est difficile de ne pas jouer de jeux négatifs, mais considère qu'une voie d'évolution très intéressante pour les humains consiste à en réduire la part importante qu'ils prennent dans nos vies, parce que l'une de leurs caractéristiques principales c'est qu'un jeu négatif se termine toujours par un ressenti négatif pour au moins l'un des protagonistes en présence.
Une dispute est un jeu négatif.

▶ Berne et les premiers fondateurs de l'AT ont observé une trentaine de façons d'entrer, de maintenir, et de conclure des jeux psychologiques. Bien que ceux-ci varient selon les couches sociales et les régions du monde, ils sont presque tous psychologiquement construits sur le schéma « Le mien est mieux que le tien ». Ce « mien », ce « tien » allant de « mon père », « ma famille », « mon conjoint », « mes enfants », « mon club de sport », « ma bagnole », « mon pays », « ma façon de faire les confitures », « de raisonner » à « ma façon de réussir dans la vie », tout comme « ma façon de me cuiter », « mon ulcère », « ma façon de perdre mon boulot », etc.

▶ Pourquoi jouons-nous des jeux négatifs ?
Comme je vous l'ai dit, bien que les types de transactions les plus satisfaisantes soient les résolutions de problèmes ensemble et les relations authentiques, les hommes et les femmes de notre époque — et aussi, nos prédécesseurs, ne souhaitent pas passer leur temps à résoudre des problèmes, et les relations authentiques leur paraissent difficiles, et même dangereuses.
Alors, ils ont trouvé les jeux négatifs qui leur permettent, tout à la fois :
— d'y échanger beaucoup de strokes (N'oublions

pas la longueur que peuvent prendre certaines disputes) ;
— d'y renforcer des positions de vie non-OK ;
et aussi :
— d'y échanger **leurs carnets de timbres**.

▶ De quoi s'agit-il ?
Compte tenu de la difficulté, chez une très grande part de nos contemporains, d'exprimer leurs sentiments et leurs émotions spontanément, l'AT observe que les humains en font un usage comparable à celui qu'ils font des « timbres-cadeaux » qu'offrent les firmes commerciales.
Un sentiment de colère qu'ils n'osent pas exprimer, et ils « collent » un « timbre » dans leur carnet, un sentiment de crainte, retenu, et voilà un autre « timbre psychologique » collé.
Quand ils en ont « un certain nombre », ils « échangent » leur carnet contre une colère qui éclate, en même temps que la porte, ils s'offrent une grosse bouderie, une cuite sérieuse, etc.
L'ennui, c'est que les « valeurs d'entrée » (ce qui fait que je colle un timbre — Est-ce dès que quelqu'un me regarde de travers ? Quand je me suis senti dévalorisé ?) et les « valeurs de sortie » (Je claque la porte, Je deviens violent, je romps la relation) ne sont pas connues de nos interlocuteurs, et nous ne connaissons pas les leurs ! ! !

Donnez des exemples.

▶ Les jeux négatifs sont une excellente occasion de « coller » des timbres, et d'échanger nos carnets contre des comportements souvent violents.
Même un comportement « Victime » peut connaître une expression d'éclat « violent » « Bouhou ! C'est toujours à moi que cela arrive ! »

Je vous invite à vous reporter à mon premier ouvrage sur l'AT (p. 101), pour donner des exemples de jeux négatifs. Je vous conseille en particulier de ne pas les lire, mais de les « jouer » (au sens théâtral, bien sûr !).
Cette façon de faire contribue à rendre la présentation de l'AT vivante et dynamique.
Une dernière recommandation dans cette importante partie consacrée aux jeux négatifs : c'est, ainsi que vous l'aurez constaté, l'une des découvertes les plus impressionnantes de l'AT. Il en est de même pour vos interlocuteurs ! Montrez-vous y attentif !
Il est également important de dire que :

▶ Dans un très grand nombre de cas, on entre assez « doucement » dans un jeu psychologique, par exemple :

Mimez et jouez !

▶ Jules arrive au bureau en se tenant les mains sur le dos, et en gémissant (rôle de Victime) « Oh la la ! Quelle nuit, j'ai encore passé ! ! »
Son collègue Louis : « Encore tes douleurs dans le dos, Jules ? » (question Adulte).
Jules, répondant en gémissant : « Ouhouhou… Et ça ne s'arrange pas ! »
Louis : « Qu'est-ce que tu attends pour aller voir un bon spécialiste ? »
Jules : « Bah, y' en a aucun qui puisse m'aider ! » (renforce « Moi, je suis tellement non-OK que personne ne peut m'aider ») puis, Persécutant : « D'ailleurs, c'sont tous des voleurs ! Uniquement là pour prendre l'argent des gens ! »
Armand : « Allons, Louis, laisse-le donc tranquille ! (Persécuteur à l'égard de Louis), Viens, Jules ! Assieds-toi ! Je vais te faire une bonne tasse de café ! » (Sauveteur)
Louis (Persécuteur) : « Vous êtes beaux à voir, tous les deux ! On dirait Bouvard et Pécuchet ! Quel numéro ! »

Armand (Persécuteur à l'égard de Louis, toujours Sauveteur à l'égard de Jules) : « C'est ça, moque-toi de lui ! On voit bien que tu ne sais pas ce que c'est que souffrir, hein Jules ! ! ! »
Dans la journée, Jules n'arrête pas de cumuler les gaffes, jusqu'au moment où Armand, lui-même, en vient à se fâcher :
(Persécuteur) « Aah ! C'est bien toujours la même chose avec toi ! On veut t'aider et toi, tu t'obstines à ne rien faire ! Et qui va payer les pots cassés ? C'est nous ! ! ! »

Voilà un jeu négatif typique : on a passé du temps ensemble, chacun a quitté la scène en renforçant une position de vie non-OK, soit à l'égard des autres, soit à son propre égard… comme risque bien de le ressentir Jules.

Les jeux négatifs sont tellement habituels qu'en décrivant celui-ci (ou un autre, que « vous sentez mieux »), il peut arriver que des participants à votre séance ne saisissent pas bien comment il pourrait en être autrement. Attention ! ! Piège à jeu pour l'animateur ! Contentez vous de dire :

▶ Il ne s'agit pas de juger les attitudes de Jules, Louis et Armand, mais de constater qu'ils ont — sans doute très inconsciemment — « choisi » de se comporter comme ils l'ont fait, plutôt que d'adopter des attitudes « gagnantes » Adulte, orientées vers la solution des problèmes. D'ailleurs, une personne épanouie, qui souffrirait de maux de dos chroniques, le ferait dès le départ et suivrait d'emblée le conseil de Louis. Ce que l'AT constate, c'est que dans cette situation, comme dans bien d'autres, les humains sont habitués à jouer des jeux négatifs…
Ça passe le temps — ce qui permet beaucoup d'échanges de strokes, ça renforce les positions de

vie, et surtout, ça ne résout pas les problèmes, ce qui permet de les recommencer plus tard !

Il est fréquent que quelqu'un dise, après ce genre de précision : « Mais alors, on passe presque tout son temps dans des jeux négatifs ! ! » A vous de répondre alors :

▶ « C'est très exactement le point de vue de l'AT ! »

▶ Bon. Il reste une grille importante de l'AT à découvrir, celle qui a nom **« scénario de vie »**, mais il me paraît plus simple de vous décrire, avant, l'une des autres découvertes intéressantes de l'AT, à savoir ce qu'on appelle les **mots d'ordre**.
On dit aussi parfois « messages contraignants ».
L'AT a repéré qu'il existait cinq « messages » — extrêmement répandus dans notre société — proférés tout au long de l'existence par nos proches. Ces messages ont un caractère utile et contraignant. Comme ils sont prononcés par les autres, à partir de leur État Parent, il est bien adéquat de les nommer **« mots d'ordre »**.
Ils sont tous les cinq présents dans nos têtes, avec en général, un ou deux, dominants.

Écrire au tableau.

▶ Ce sont :

1. Sois parfait (et tout mot d'ordre visant à perfectionner un travail, une pensée)

2. Fais plaisir (et tout mot d'ordre à être d'abord attentif aux besoins de l'autre)

3. Fais effort (et tout mot d'ordre à montrer que l'on peine, que l'on souffre à réaliser quelque chose)

4. **Sois fort** (et tout mot d'ordre à ne pas montrer ce que l'on ressent)

5. **Dépêche-toi.** Ces messages sont ambivalents, parce que généralement émis *« pour nous aider »* à faire face aux autres, aux problèmes de l'existence, mais ils sont également de puissants freins au bonheur et à l'épanouissement.

Comme chacun a, en général, un ou deux de ces mots d'ordre dominants, on comprend leur aspect le plus contraignant en sachant que la personne chez qui prédomine le « Sois Parfait » est portée à n'être jamais satisfaite d'un résultat atteint, le « Fais Plaisir », à ne pas s'autoriser à s'occuper d'elle-même, le « Fais effort », à mettre davantage son énergie dans la démonstration de ses efforts, plutôt qu'à l'atteinte de résultats, le « Sois Fort », à « retenir » l'expression de sa vie émotionnelle et sentimentale, le « Dépêche-toi », à ne pratiquement rien se permettre de faire en prenant son temps.

▶ Et la place de ces mots d'ordre est tellement importante dans ce que l'AT appelle la « formation du **scénario de vie** » que j'ai préféré les présenter avant de terminer par cette notion « souveraine », qui clôture si bien la découverte de ces grilles d'explication de la psychologie d'une personne, puisque le scénario de vie, c'est **l'explication qui englobe toutes celles développées jusqu'ici pour faire comprendre « COMMENT UNE PERSONNE DEVIENT CE QU'ELLE EST »** différente de ce que sont ses parents, ses frères et sœurs, ses voisins, ses proches et moins proches.

Pour cette dernière explication, je vous conseille d'avoir préparé une reproduction du schéma de la page 116 de cet ouvrage. Et de le commenter comme suit :

▶ Comment se forme l'État Parent d'un petit-qui-grandit ?
Par l'enregistrement dans son propre État Parent des messages et des comportements Parent Normatif et Parent Bienveillant que le petit entend et observe.

▶ Ce sont essentiellement des valeurs, des opinions, des jugements sur ce qu'il faut faire et ne pas faire dans la vie, des jugement sur ce qui est OK et ce qui ne l'est pas, sur les autres.

Comment se forme l'État Adulte du petit-qui-grandit ?
Par l'enregistrement des messages et des observations faites à propos de tous les « Comment faire ? » de l'existence : — aussi bien « Comment reprise-t-on des chaussettes ? » que « Comment apprend-on l'informatique ? », « Comment remplit-on un formulaire ? » que « Comment trouve-t-on un emploi ? », « Qui a découvert la machine à vapeur ? » que « Combien de concertos Mozart a-t-il composés ? » (ce qui est bien différent d'apprécier un concerto de Mozart, qui est une capacité de l'Enfant Libre !).
Mais surtout, à partir d'une base génétique qui va essentiellement influencer les aspects biophysiques et le tempérament du petit-qui-grandit, c'est la « formation » de son État Enfant qui va déterminer de la façon la plus significative ce que va devenir le petit d'homme. Et ce seront essentiellement deux types de « réseaux de transactions » — je dis « réseaux de transactions » parce que, entre 0 et 20 ans, ce sont des milliers de transactions Parent-Enfant, et des milliers de transactions Enfant-Enfant qui vont faire que le petit d'homme se sente OK ou non, ait confiance ou non en lui, soit capable d'affronter les problèmes relationnels et les problèmes matériels de l'existence.

▶ Les « réseaux de transactions » Parent-Enfant, ce seront les milliers de messages — sous forme de paroles, mais aussi de gestes, d'attitudes — d'approbation ou de critique, de soutien, d'encouragement, de protection, dont le petit va « bénéficier », la présence — plus ou moins fréquente (et donc plus ou moins contraignante) des mots d'ordre dont il va être « bombardé ».

Les « réseaux de transactions » Enfant-Enfant, ce sont les milliers de messages (directs — en langage clair, ou indirects — en attitudes et comportements) affectifs transmis au petit d'homme. Et ce sont surtout ces attitudes qui manifestent au petit ses « Permissions » ou ses « Interdictions — littéralement **« existentielles »**[1] — qui lui permettront d'exister (ou non), d'être lui-même (ou non), d'être « gagnant » (ou non) de sa vie — avec les autres, avec la vie, dans une position de vie,

Choisissez !

▶ qui est aujourd'hui la mienne, vers laquelle je tends de tout mon être : **Je suis OK.**

Désignez votre auditoire du doigt

▶ — Vous êtes OK !

▶ Dernière question : **Que peut-on faire avec l'AT ?** Réponses : Vivre des relations positives, avec soi-même et les autres (notamment en « collant moins de timbres psychologiques » et en jouant moins de jeux négatifs).

1. Note à l'animateur : à ce sujet, voir p. 107 le Scénario de vie, un concept non développé dans cet exposé car il nécessite une bonne connaissance de l'AT pour être exposé à d'autres.

Accroître ses capacités de vivre des relations authentiques avec les autres, accroître ses capacités de conscience et de spontanéité — ce qui étaient les principaux objectifs émis par Berne.
On peut aussi vouloir « changer son scénario de vie » quand il contient plus d'interdictions que de permissions — et dans ce cas, il est préférable de s'adresser à un thérapeute praticien de l'AT. Merci de votre bonne attention.

Selon le temps accordé par vos participants — et selon votre érudition en AT, vous pouvez proposer un « délai » sur ce que vous venez d'exposer.

A titre indicatif, je vous propose le schéma « Aide-mémoire » que j'ai utilisé des années durant, pour des « Initiations à l'AT », telles que présentées dans cette fiche.

→ P. 70

1. La place de l'AT dans la psychologie humaniste
2. L'intention de E. Berne : grilles d'explications du comportement accessibles à tous, d'où peu de mots nouveaux (seuls quelques usages différents)
3. 1er outil à l'aide de l'exemple du dentifrice
   EL + E Ad + P + A = 3 États du Moi
4. Quand 3 États du Moi rencontrent 3 Etats du Moi = **transactions**
5. Pourquoi les humains échangent-ils des transactions ?
   Réponses du public : pour échanger des infos, des sentiments + « besoins » moins connus :
   besoins de strokes (expériences avec les rats)
   besoin de positionner par rapport aux autres (positions de vie)
   besoin de
   structures (Que fait-on avec les autres ?)

Interruption

6. **La structuration du temps**
   les jeux négatifs, pourquoi : parce que donnent strokes, timbres + renforcent position de vie
7. **Mots d'ordre**
8. **Scénario**
9. **Que faire avec l'AT ?**
   Relations positives avec soi-même + autres (– de jeux négatifs) + spontanéité, conscience, proximité
   Changer de scénario

(Les signes représentent des tableaux avec des schémas pré-dessinés — ce qui peut présenter quelque avantage...)

4

L'ANALYSE STRUCTURALE DU SECOND DEGRÉ

S'il est un point qu'il me faut considérer comme insuffisamment développé dans mon premier ouvrage sur l'AT (Marabout nº 3516), c'est bien ce qu'il est convenu d'appeler l'*analyse structurale du second degré*.

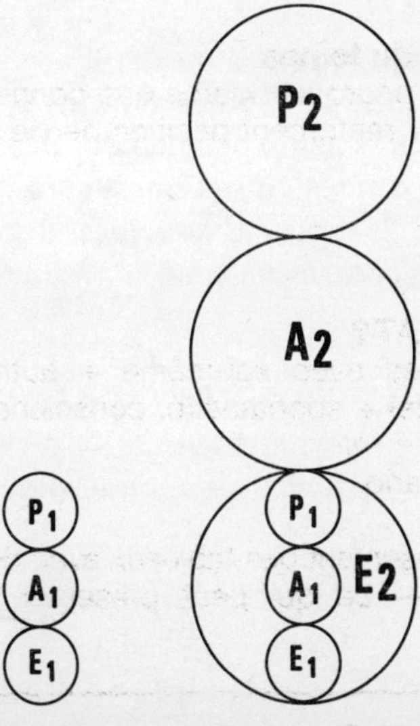

Dans cet ouvrage, j'ai subdivisé l'État Enfant en Enfant Adapté — comprenant notamment les fonctions « rebelle » et « victime » — et Enfant Libre — comprenant notamment la « fonction intuitive (ou Petit Professeur). Or, cette subdivision se trouve être une simplification « exagérée » (dit mon Parent), « réductrice » (dit mon Adulte) par rapport à cette Analyse Structurale du second degré. Celle-ci fait apparaître que notre État Enfant se construit, en réalité, suivant le schéma ci-dessus.

• D'abord apparaît ce qu'il sied d'appeler l'**Enfant 1** ou **E1**.

C'est le monde psychologique de nos émotions, sentiments de petit. L'Enfant 1 peut aussi être considéré comme le « conteneur » de nos besoins les plus vitaux, les plus personnels.

C'est pourquoi on dit, en AT, que l'E1 est la première et la dernière instance psychologique de notre vie.

Dans l'exemple du schéma ci-dessus, c'est le langage « bébé », les cris de colère de Boris, à l'âge de cinq ans.

• Puis se développe le **Parent 1** ou **P1**.

C'est l'enregistrement des comportements et opinions, enregistrés et reproduits par le petit à partir des messages Parent émis par ses parents ou ses éducateurs.

C'est la capacité de Boris à surveiller, à gronder sa petite sœur Marie « comme un grand », à l'âge de cinq ans.

• Ensuite, se développe l'**Adulte 1** (ou **A1**) (que Berne aimait appeler *Petit Professeur*) qui sait — à cinq ans — poser des questions difficiles : *« A quoi sert le sang ? C'est quoi, le sexe, Papa ? »*

Très important!!! car c'est ici que se situe l'apport original de cette Analyse structurale du second degré — sur laquelle s'accorde aujourd'hui une grande majorité de transactionnalistes!
C'est cet ensemble (E1 + P1 + A1) qui forme, chez le petit grandissant ce qu'on nommera l'Enfant 2 (ou E2)

En effet, on observe que Boris, à 40 ans, présente — dans ses réactions, ses sentiments et émotions, son adaptation aux autres, un Enfant « global » E2 dont la structure psychique produit des comportements « similaires » à ceux qu'il adoptait à cinq ans.

Voyons ce qu'en dit Claude Steiner [1] :

> *« Si l'Enfant (E2) est le plus souvent P1, c'est qu'il a un scénario résultant du comportement de ses parents quand il avait cinq ans. Il aura souvent des comportements dont ses parents lui montraient l'exemple et qui étaient contraignants, à cinq ans.*
> *Cet État du Moi (P1, dans E2) a été appelé Enfant Adapté, parce qu'il s'agit des besoins du petit adapté à ceux de ses parents.*
> *Chez les personnes qui présentent un scénario dramatique, on appelle ce P1 l'***électrode** *parce qu'il fonctionne comme une pile électrique assurant le contrôle de la vie de la petite personne, selon le projet de vie de ses propres parents.*
>
> *« Ce P1 est aussi appelé* **la sorcière** *ou* **l'ogre** *parce qu'il est [nanti] de qualités « surnaturelles » comme les personnages de contes de fées. (Par exemple, il « devine » les intentions de ses interlocuteurs, leur « jette de mauvais sorts » : « Toi, tu ne seras jamais capable de garder un partenaire ».) On désigne encore ce P1 dans E2 sous le nom de* **Parent Flic** *parce qu'il fait que les gens se sentent non-OK et qu'il les contraint à faire ce qu'ils ne veulent pas. »*

1. *Des scénarios et des hommes*, Claude Steiner, Épi.

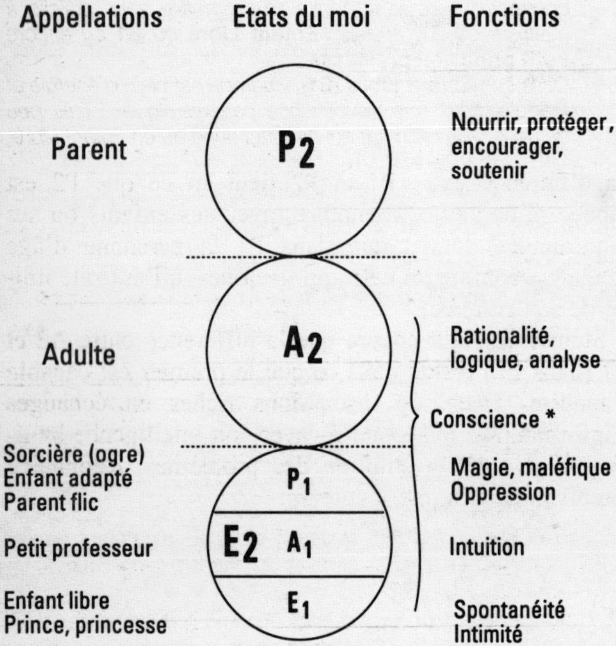

* Steiner pour sa part place la conscience entièrement du côté de l'Adulte.

Dans notre exemple, ce pourrait être le Boris de 40 ans qui exige de sa secrétaire qu'elle lui cire les chaussures.

> *« Si l'Enfant se comporte souvent en A2, il sera curieux, vivant, éveillé, en pleine possession de ses moyens, et va contraster avec la conduite plus émotive, plus difficile à maîtriser de E1, appelé l'***Enfant Libre** *ou* **E1** *ou encore* **petit prince** *ou* **princesse**.
> *Dans son* **Enfant Libre (E1)**, *l'individu est plein d'énergie et [parfois] dans une « expérience paroxysmique ». Très peu de gens ont un Enfant qui ne fonctionne qu'en Enfant Libre.*

La différence entre P1 et P2 tient en ce que P2 est capable d'une autorité mature (avec ses enfants ou ses subordonnés) tandis que dans P1 la personne d'âge adulte est comme un petit qui « rejoue » à l'autorité imitée de son enfance.

Steiner nous dit encore que la différence entre A2 et A1 (dans E2) réside dans ce que le premier est capable d'analyses fines, de discussions riches en échanges d'informations, le second — avec son intelligence intuitive — « sent » la solution des problèmes, « connaît » intuitivement ses interlocuteurs.

5

LA COMMUNICATION EN OR

A PROPOSER À SES PROCHES, SES COLLÈGUES, SES AMIS

Offrir les cinq transactions (ou Canaux de Communication- les plus OK-OK à ses proches, collègues et mais, voilà une **façon majeure*** d'agir pour un monde meilleur.

Ou, si cette ambition vous paraît trop large, de *proposer* à ceux qui vous entourent, qui vous approchent un **« climat » psychologique porteur et harmonieux**.

---

* Je mesure mes mots !

LES 5 TRANSACTIONS

1. La transaction directive (CC Directif*)

- C'est la transaction **Parent Normatif > Enfant.** (Dans la relation entre aînés et petits, jusqu'à environ 10 ans — Les parents avisés cessent d'utiliser ce mode de communication avec leurs enfants, à partir de cet âge.)

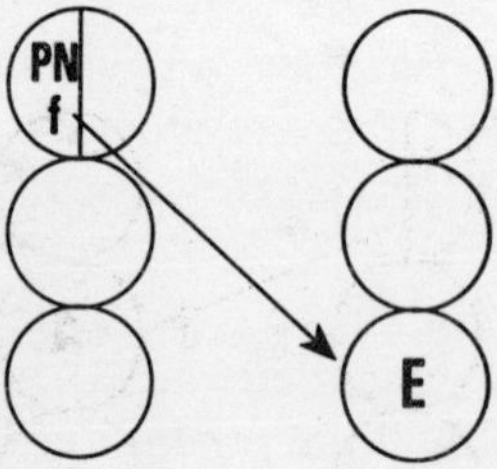

→ EXEMPLE :
« Félix, ne touche pas à cet appareil ! »

- C'est la transaction **Parent Normatif > Adulte**, dans les situations où une communication autoritaire s'impose, avec les enfants à partir de 10 ans.

---

* CC pour Canal de Communication, dans le « Process Communication » de Taïbi Kahler.

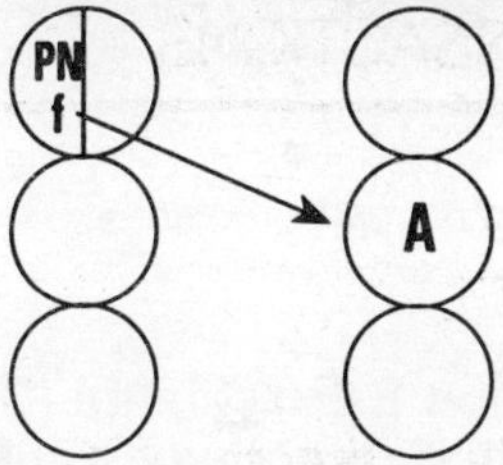

→ EXEMPLE :

« Tu dois être rentré pour 23 heures. »

C'est la même transaction Parent Normatif > Adulte, pour les situations de la vie courante — et surtout de la vie professionnelle qui impliquent, en accord entre les personnes, de donner des ordres, des directives.

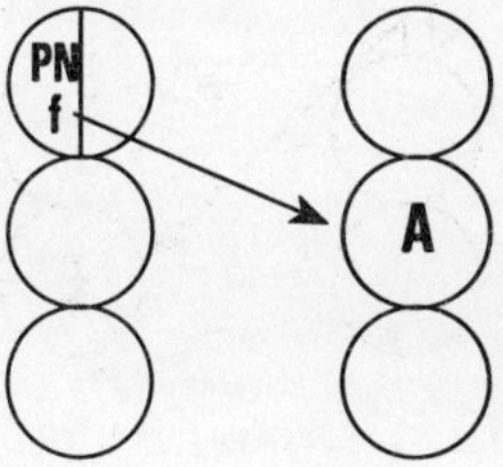

→ EXEMPLE :

« Julien, donne-moi la clé du 13. »
« Jenny, donnez-moi le dossier Technix. »

Dans la vie professionnelle, les dirigeants avisés savent que pour que de telles transactions « directives » n'activent pas l'Enfant Rebelle de la personne à qui elles sont destinées — et qui pourrait se manifester sous la forme d'un jeu négatif ou d'un « sabotage » inconscient, il est efficace d'annoncer (par une transaction Adulte > Adulte) l'intention de recourir à ce type de transaction « directive ».

→ EXEMPLE :

« Jenny, dans notre travail ensemble, je me montrerai attentif à vous demander des choses que je vous expliquerai. Dans les cas où le temps ne le permettra pas, je m'exprimerai en vous donnant un ordre. »

2. La transaction Bienveillante (CC Nourricier)

- C'est la transaction **Parent Bienveillant > Enfant**, par laquelle nous manifestons du soutien, de l'estime, de l'encouragement à l'autre.

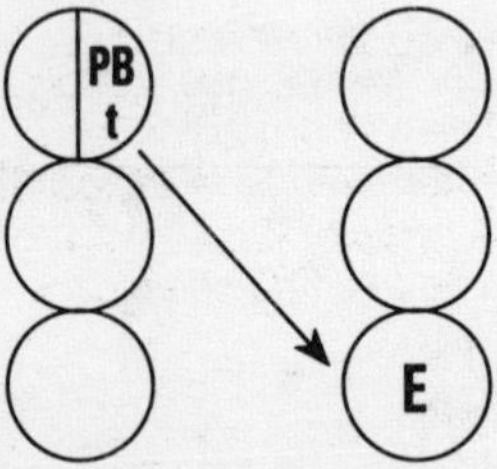

→ EXEMPLE :

« Boris, tu es vraiment beau ! »
« Marie, tu es vraiment intelligente ! »
« Thévenin, votre présence parmi nous est vraiment une très bonne chose pour la société !
« C'est vraiment très bien que vous soyez là. »

— Les personnes capables d'exprimer avec sincérité (Attention ! C'est un domaine où presque tout le monde « sent » les tentatives de manipulation !) ce type de message – en offrant (comme dans les deux premiers exemples ci-dessus) des **strokes inconditionnels** – sont des personnes qui se caractérisent par une vie relationnelle harmonieuse, dont le contact est fort apprécié des autres.

— C'est aussi la transaction par laquelle nous exprimons **une appréciation conditionnelle** à d'autres.

→ EXEMPLE :

« Superbe travail, Monsieur Descamps ! »
« Bravo Jacqueline, ton canard à la Bohémienne est une pure merveille ! »
« Quel magnifique dessin, Richard ! »

C'est la transaction par laquelle nous apportons soutien, aide, réconfort, expression de compréhension à l'égard des difficultés, des souffrances physiques ou psychologiques des autres (que ceux-ci aient ou non demandé un soutien). Attention à ne pas agir en Sauveteur !

→ EXEMPLE :

« Claire, je crois comprendre ce que tu ressens et je te fais part de toute ma bienveillance ! »
« Claude, je comprends que tu sois déçue, et je suis sûr que cela ira mieux la prochaine fois ! »
« Jacques, je comprends ta tristesse ! Mon vieux, comme cela a dû être pénible ! »
« Émile ! Comme tu as dû souffrir… »

3. La transaction d'information et de demande (CC Informatif)

C'est la transaction **Adulte > Adulte** par laquelle nous offrons ou demandons des informations à nos semblables.

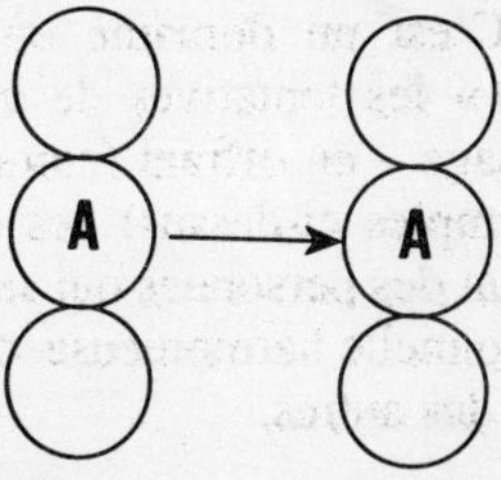

→ EXEMPLE :

« Dites-moi, Maindiaux, comment s'est passé cette visite ? »
« Les plans de la presse n° 22, que vous avez demandé, M. Trognon… »
« Merci. »

« Nathalie, où as-tu mis l'écharpe jaune du petit ?
— Dans l'armoire de sa chambre, mon chéri. »

« Madame Oudin, quel est le secret de vos sauces ?
— La surveillance. Quand je prépare une sauce, je veille à pouvoir ne m'occuper que de cela. Pour une sauce à l'estragon, par exemple, je prends… »

« Comment as-tu trouvé Florence, Virginie ?
— Magnifique, j'en ai eu plein les yeux ! »

« Quelles sont tes musiciens préférés, Jean-Pierre ?
— Dizzy Gillespie et Wagner. »

« Didier, quand te maries-tu ?
— Au printemps prochain. »

« Quelles sont Madame D, les perspectives de réussites de la vente de ce logiciel ?
— Selon nos études de marketing, nous pouvons nous attendre à une percée de 6,3 sur le marché national et de 4,2 à l'étranger. »

C'est la transaction pour faire des **demandes** concernant nos besoins, nos désirs (… lorsqu'on juge la demande Enfant > Enfant, difficile, délicate ou indésirable).

→ EXEMPLE :

« Pourriez-vous ouvrir une fenêtre, s'il vous plaît ?
— Sûrement. »
« Pourrais-tu m'accompagner à ce bureau ? J'aimerais t'avoir près de moi pour bénéficier de tes conseils.
— Avec plaisir. »

C'est aussi la transaction à proposer lorsque quelqu'un qui n'est pas un familier tente de nous entraîner dans un jeu négatif :

→ EXEMPLE :

« Vous avez vu ce qu'elle a encore fait ?
— Je suppose que vous parlez de Gabrielle ? C'est en effet

très ennuyeux. Il ne faudra pas oublier de le lui dire, avec fermeté… et respect, n'est-ce pas ! Mais surtout, comment allons-nous faire pour rattraper la situation ?»

4. La transaction authentique (CC Émotif)

C'est la transaction Enfant > Enfant dans laquelle nous nous adressons à l'État Enfant de l'autre avec **authenticité** (c'est-à-dire en conscience et spontanément) pour exprimer des sentiments, des émotions.

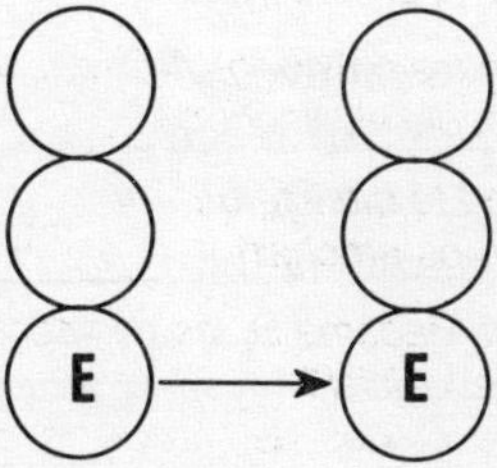

→ EXEMPLE :

« Je suis vraiment très content de te voir. »

« Je suis très heureux de vous avoir avec nous… »

« Je t'aime
— Je t'aime. »

« Je suis bouleversé par ce qui t'arrive »

« Je suis inquiet de savoir quelle décision Raymond va prendre à ce sujet. »

C'est encore la transaction pour émettre des suggestions (créatives ou non).

→ EXEMPLE :

« Si on faisait comme ça ? »

« J'ai envie d'aller me promener »
— Moi aussi »

« Je n'ai pas beaucoup aimé ce film »
— Moi, j'ai bien ri »

« Si on mettait le dessin de Marie, là au-dessus ? »

C'est enfin la transaction pour éviter l'entrée dans un jeu négatif (avec un proche, un familier).

→ EXEMPLE :
« Pouce, je ne joue pas ! »

5. La transaction Parent-Parent

Base de ce que Berne appelle le *pastime* (une sorte de « conversation automatique » de bar, de cocktail où l'on branche ses sujets préférés, que ce soit *Les bagnoles, Ces affreux politiciens, Les problèmes d'aujourd'hui* sans qu'il n'y ait de considération non-OK à leur égard), la transaction Parent-Parent est tellement utile à la vie sociale, qu'il y a lieu de l'ajouter à cette liste des « transactions en or ».

▶ Ne pas oublier !

Les règles de communication AT qui nous précisent que :
— les transactions *parallèles* peuvent se prolonger quasi indéfiniment, tandis que
— les transactions *croisées* sont interruptives et donc, souvent, courtes.

LA RELATION AUTHENTIQUE,
c'est aussi la relation de la *confidence*

Chacun éprouve, tout au long de l'existence, le besoin de se confier, de partager des doutes, des anxiétés, des inquiétudes. Cela fait partie de l'existence et rien n'est ici plus ennemi de l'épanouissement personnel que le mot d'ordre *(driver)* « Sois fort », qui entraîne bon nombre de nos contemporains à n'oser « s'ouvrir » à personne.

Ces personnes sont mal informées au sujet des mécanismes régulateurs dont le corps et la psyché ont besoin. Et on les retrouve en position de Victime : *« J'ai des tensions dans les reins », « J'ai une boule dans la gorge »*, souvent suivi du rôle Persécuteur : *« Tout ça, à cause de ce salaud de..., de ces fichus emmerdeurs que sont... »*

Mais la vraie relation authentique est le contraire de ces jeux négatifs. C'est la situation dans laquelle une personne confie à une autre ses soucis profonds, les hésitations et les inquiétudes qui l'habitent.

Il est évident que ce type de relation s'établit d'autant plus facilement avec des proches (famille, amis, collègues, professionnels de la relation d'aide) auxquels on rend le même service de mise à disponibilité de confidence.

Bien entendu, si ce type de relation tire grand profit d'un début par une transaction Enfant-Enfant (attention ! mauvais signe, si vous refusez cette « étape »), il est fréquent et bienvenu qu'elle évolue vers un mode Adulte-Adulte.

Cela fait partie du caractère OK de ce genre de relation que d'accepter un début de rencontre peu précis :

> R : « *Tiens, Pascal, comment vas-tu ?*
> P : — *Ben, ça pourrait aller mieux...*
> R : — *En effet, on dirait que quelque chose te tracasse...*
> P : — *Tracasser, le mot est un peu fort... Disons que je me pose quelques questions en ce moment !*
> R : — *Tiens, pour toi aussi, y a des choses qui ne tournent pas tout à fait rond ?*
> P : — *Oui, en ce moment avec Myriam* (ou : *dans mon boulot*).
> R : — *Oui, je comprends, tout n'est pas toujours facile tous les jours. C'est en effet le lot de chacun...*
> P : — *Mais ça ne console pas de savoir que chacun a ses petits ennuis, moi, c'est particulier...*

Jusqu'ici, la rencontre entre Pascal et Roger ressemblait à l'amorce d'un jeu négatif.

Ce qui peut la transformer en relation positive authentique, c'est que Roger trouve le ton et la formulation (pas encore trop Adulte) qui indique à Pascal qu'il est davantage disponible pour une relation authentique que comme partenaire à un jeu négatif « Ah ! Ceux-là » :

> R : « *Et tu as... peut-être envie de m'en parler... ?* »

Il est souvent adéquat de laisser la personne (ici Pascal) exprimer encore un ou deux messages Enfant :

> P : « *Mmouais... Tu sais, c'est pas facile ! L'autre jour encore, Myriam* (ou : *le patron*) *me dit : "Pascal, tu devrais..."*
> R : — *Et ça ne t'a pas fait plaisir ?*
> P : — *Ben tu penses ! Me dire que je ne suis pas à la hauteur...* »

Après une minute ou deux de « déballage », il est temps d'inviter à échapper à la stérilité propre à un jeu négatif — tournoiement en rond, sans évolution de la situation.

C'est alors que la personne invitée peut offrir une *option* positive et développer le caractère positif de la relation *authentique*. C'est ici qu'il importe de glisser, avec douceur, vers la transaction Adulte-Adulte :

> *R : « Je te comprends... Et tu as envie d'en sortir (d'y voir plus clair) (de te sentir mieux avec cela)*
> *P : C'est ça ! ! »*

Attention ! Sans cette approbation, on est probablement parti vers un jeu négatif.

La relation de confidence est une étape nécessaire à la bonne évolution d'une relation d'aide pour dépasser un grand ou un petit problème.

La relation d'aide
ou Comment aider une personne en difficulté

La relation d'aide est vieille comme le monde. Des humains ont toujours aidé leurs semblables en difficulté. N'écoutant que leur cœur, des personnes ont trouvé — assez souvent, spontanément — comment offrir à leurs semblables une aide plus ou moins précieuse.

Beaucoup ont « essayé » avec plus ou moins de succès d'aider leurs proches ou moins proches.

Certains ont mieux réussi que d'autres à « proposer » des interventions réellement aidantes.

L'AT — et d'autres écoles psychologiques — ont réussi à bien **dégager** les éléments qui font rater ou réussir une relation d'aide — qu'il s'agisse d'aider une personne en légère ou en profonde difficulté.

La situation la plus simple à transformer en aide efficace est celle où une personne pose, avec son Adulte, une question d'information à l'Adulte de l'autre.

→ EXEMPLE :

« As-tu une idée sur la façon de demander à Camille, qui a normalement la garde des enfants en juillet, de me les laisser ce mois-là, car je disposerai d'un chalet que me prête Agnès ?
— Le plus simple me semble être de poser la question à Camille, en lui expliquant quelle heureuse opportunité ce serait d'offrir un mois de vacances à la montagne à vos enfants. »

C'est souvent aussi simple que cela.

Mais il est très fréquent que des personnes fassent des *méconnaissances* (voir *L'Analyse transactionnelle*, Marabout nº 3516) et ne se sentent pas en mesure de poser le problème, clairement avec leur Adulte.

Face à une telle situation, le grand danger est l'intervention du Parent Normatif (qui « sait » toujours mieux que les autres ce qui est bon pour eux et qui les bombarde de *« Y'a qu'à... »* — une réaction inadéquate que j'ai pu observer dans de très nombreuses sphères de la vie relationnelle). Cette intervention du Parent Normatif *« ferme »* les personnes en difficulté, et renforce généralement chez elles une position *« Je ne suis pas OK — Les autres ne sont pas OK », « Personne ne peut m'aider », « Personne ne me comprend ».*

Pour la relation d'aide, les deux grands « alliés » que nous pouvons offrir à ceux qui s'adressent à nous (**Très important !** Sans quoi, il y a beaucoup de chance d'entrer dans un jeu négatif en position de Sauveteur !) sont :
— les attitudes, gestes et tons de voix de notre Parent Bienveillant

> *« J'entends qu'il y a quelque chose qui te "chiffonne"... Penses-tu que je puisse t'aider ? »*

— l'écoute active de notre Enfant, c'est-à-dire, qui utilise beaucoup la reformulation*, jusqu'à ce que notre interlocuteur devienne capable de formuler le problème qu'il vit avec son Adulte ;
— la patience aimante de notre Enfant, parce qu'il faut généralement du temps à une personne en difficulté pour être rassurée sur notre intention réelle de ne pas lui nuire (et qu'il faut investir parfois beaucoup d'énergie dans nos États Parent Bienveillant et Enfant, pour *« débloquer »* ce qui « ne tourne pas rond » chez notre interlocuteur) ;
— et enfin, la capacité d'analyse et de proposition de notre Adulte. (On aura compris que cette énergie n'est à solliciter que lorsqu'un climat de confiance sera réellement établi avec l'autre personne.)

---

* La reformulation aide l'interlocuteur à libérer son expression.

LE « PROCESS COMMUNICATION », SYSTÈME FILIAL DE L'AT

On a fait beaucoup de battage autour du Process Communication, de Taïbi Khaler. Les plus calés de ses adeptes adoraient déclarer que c'était une synthèse — en fait celle des 5 types de transactions en or — *« permettant en un instant »* (le mimétisme des épigones allait jusqu'à accompagner cette partie de la déclaration, d'un claquement de doigt, emprunté au Maître) *« de découvrir le mode de communication préférentiel de son interlocuteur »*. Des milliers de journées de formation se sont vendues sur base de ce... mythe !

Parce qu'avec le temps, il faut bien reconnaître qu'il s'agit là d'un résultat atteint *surtout* par les professionnels de ce type d'animation, qui rejoignent ainsi les psychologues compétents, lesquels atteignent habituellement ce type de doigté après quelques années de pratique. Ils deviennent alors capables eux aussi, de bien *réussir leur entrée en communication* avec différents types de personnalité.

Est-ce à dire que les bases du Process Communication sont douteuses ? Pas du tout. Ce qui l'est, par contre, c'est l'affirmation par laquelle il s'agit d'une *« méthode » d'accès aisé* (L'accès, certainement ! Mais la mise en pratique, c'est autre chose ! ! !)

Ce qui me semble rester très valable dans la méthode, c'est l'apport initial de Paul Ware qui indique les registres préférentiels d'entrées en communication de la grande majorité de la population*, à savoir entrer en relation à partir de :

— pensées ;
— émotions ;
— réactions.

Cet apport garde toute sa valeur.

Combinez ces éléments avec ceux des **5 transactions en or** et vous deviendrez un communicateur subtil !

---

* Ayant eu l'occasion de travailler avec M. Kahler dans l'une de ses premières prestations en Europe, je l'ai entendu convenir de l'adéquation de son modèle pour environ 60 % à 70 % de la population.

▶ ***« Que peut-on faire dans des situations « envenimées », qui se répètent depuis un certain temps, ou depuis longtemps ? »*** est encore une question fréquente.

Faire face aux situations de panique

Une réponse consiste à dire qu'une bonne thérapie en AT produit des effets de renforcement de sa propre confiance au point que, sans supprimer ou pouvoir agir sur les causes qui provoquent, chez la plupart des gens, un sentiment de panique, elle donne au *nouveau gagnant* une confiance en sa capacité à gérer les événements de la vie tellement plus importante que par le passé que, en général, ce type de personne ne se pose plus la question.

Mais en attendant ?

Il est une recommandation que je peux suggérer aux personnes qui *risquent* de connaître des situations stressantes comme celles citées dans l'exemple ci-dessous (ou situations présentant une analogie avec cet exemple).

Si, pour des raisons professionnelles ou autres, nous pouvons nous trouver dans des situations à risque de panique de notre part,

→ EXEMPLES :

— organisation d'un voyage en autocar pour une quarantaine de personnes — l'autocar n'arrive pas, une heure après le départ prévu ;

— réunion de parents où vous êtes censé apporter une information — serviette perdue ou volée ;

— projection d'une vidéo devant un public moyen — le magnétoscope tombe en panne ;

Ma proposition consiste en ceci : Concevoir, tester et

apprendre un message rassurant Parent Bienveillant et un message Adulte sur les dispositions que vous allez prendre face à la situation :

— *« Mesdames et Messieurs, soyez rassurés ! Je vais téléphoner immédiatement à la société de location de cars, pour savoir si l'autocar que nous attendons est en route pour nous rejoindre. »*

— *« Soyez rassurés ! Je vais tenter de me remémorer les principaux points de l'information que j'avais préparés à votre intention ! »*

— *« Ne soyez pas trop déçus ! Je vous propose, soit de trouver un autre magnétoscope, soit de reporter la séance à une date ultérieure. »*

Ces messages, mentalement prêts à l'usage, devraient faire partie de toute préparation d'une activité du type de celles proposées dans les exemples.

Et dans les situations qui ne se prêtent vraiment pas à la question préalable à l'événement *« Et qu'est-ce que je fais s'il y a un problème ? »* il s'agit alors de bien retenir cette Loi de Dynamique de Groupe : Devant une situation difficile à contrôler, si le « responsable », l'animateur réagit avec son État Enfant : *« Aieaie aie... Vous savez ce qui arrive de catastrophique ? ! ! »*, il faut savoir que ce type de réaction n'a, pour seul effet, que de faire partager le sentiment de panique par les autres, ce qui ne fait qu'amplifier le caractère problématique de la situation.

Comme dans les exemples ci-dessus, deux États du Moi sont alors utiles à manifester :
— **le Parent Bienveillant**, pour rassurer
— **l'Adulte**, pour informer ou chercher un « Comment faire ? » adéquat.

Faire face à une situation « verrouillée »

C'est dès 1971 que Stephen Karpman, transactionnaliste de la première génération et « inventeur » du Triangle Dramatique (voir p. 264), publie dans le *Transactional Analysis Journal* un article des plus intéressants consacré aux façons de faire face à ce qui est appelé la *transaction verrouillée*, celle qui est « installée » entre deux personnes et qui est vécue par les clients des premiers thérapeutes en AT comme l'une des plus difficiles à « dépasser », à modifier.

A cette époque, Karpman — qui compte déjà quinze ans de pratique — ne fixe son choix de développement théorique à partir d'un type de transaction verrouillée très fréquente, qu'après vérification auprès de ses collègues : la transaction parallèle Parent Normatif Critique *« Tu n'es qu'un... »* par « nature » adressée à l'Enfant Adapté de l'autre personne qui a pris l'habitude de répondre en Victime : *« Mais, ce n'est pas ma faute, j'ai essayé de faire du mieux que je pouvais... »*

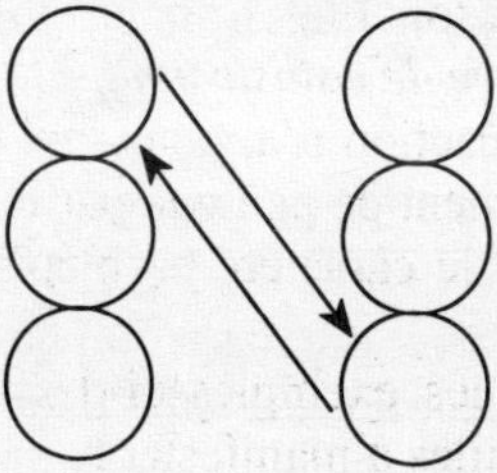

Comme le dit Karpman, il faut, pour s'en sortir, **changer[1] la transaction** et si possible, **changer de sujet de conversation**.

1. Changer est en termes d'AT, synonyme de « croiser la transaction ».

Vous pouvez utiliser cette section du livre comme test. Il s'agit alors d'interrompre ici votre lecture et de chercher, par vous-même, une dizaine d'options possibles à partir de ce premier *« Tu n'es qu'un... »* et imaginer qu'il se situe au sein d'une série de transaction, de « scènes » de la vie, et dont il est un aboutissement provisoire.

En sachant que, hormis une réponse par l'Enfant Adapté, qui ne croise pas la transaction, toutes les autres parties d'États du Moi peuvent croiser la transaction verrouillée.

Voici les *options* proposées par S. Karpman :

1. Répondre au Parent Normatif, à partir de son propre Parent Normatif : exemple selon un type de situation possible.

(Il importe évidemment que vous cherchiez des réponses adaptées aux circonstances. C'est « l'esprit » des réponses qui compte dans les exemples qui suivent.)

> *« La faute est au système. Si tu savais ce que j'ai entendu te concernant »...*
> *« Tu as raison, je ne suis pas capable, mais laisse-moi te raconter ce que Bernard a fait... »*
> *« Soit, c'est vrai. Et il y a du travail à faire. »*

2. Répondre à l'Enfant Adapté, à partir de son propre Parent Normatif :

(C'est évidemment la transaction qui risque le plus de déboucher sur le conflit, mais qui peut être préférable au « statu quo » de la transaction verrouillée.)

> *« Je te défends de me parler sur ce ton ! »*
> *« Gare à toi, ne me mets pas à bout ! »*
> *« Maintenant, à ton tour. Tu vas m'entendre ! »*

Je rappelle que les transactions verrouillées se caractérisent par le fait que les deux personnes en présence (A et B) sont habituées à ce que la personne B réponde invariablement en Victime. C'est pourquoi les transactions ci-dessus sont bel et bien des « options » dans la mesure où elles rompent avec la « mécanique relationnelle habituelle ».

3. De son Parent Bienveillant au Parent Bienveillant de l'autre :

> *« Il y a assez de lutte et de haine dans ce monde, sans que nous en ajoutions. »*
> *« Gardons nos querelles entre nous pour protéger les enfants. »*

4. De son Parent Bienveillant à l'Enfant Libre de l'autre :

> *« Sois gentil pour toi-même, ta colère est énergie perdue. »*
> *« Pourquoi ne sortirais-tu pas en ville, ce soir ? »*

5. De son Parent Bienveillant à l'Enfant Adapté de l'autre :

> *« Tu ne te montres pas sous ton bon jour quand tu parles comme ça. »*
> *« Dis-moi, pourquoi te sens-tu comme ça ? »*

6. De son Adulte à l'Adulte de l'autre :

> *« Comment en es-tu arrivé à cette conclusion ? »*

(Dans une situation plus professionnelle :)

> *« Voulez-vous m'expliquer ce qui justifie votre mécontentement ? »*
> *« Peux-tu me dire exactement ce qui te fâche ? »*

7. De son Enfant Libre au Parent Normatif de l'autre :

> *« Oh ! là ! là ! »*
> *« Tu as droit à un penalty. »*
> *« Eh bien je préfère que tu saches ; en ces circonstances, j'ai besoin d'aller aux toilettes. »*

8. De son Enfant Libre au Parent Bienveillant de l'autre :

> *« Je sais que tu veux mon bien » (avec un large sourire).*
> *« Ça ne m'aide pas beaucoup, quand tu me parles ainsi. »*

9. De son Enfant Libre à l'Enfant Libre de l'autre :

« Et bien, tu ne vaux guère mieux que moi. »
« Oh là ! Ça, c'est une découverte ! Comment l'as-tu faite ? »

10. De son Enfant Adapté au Parent Bienveillant de l'autre :

(pleurnichant) « Je ne suis qu'une pauvre épave. Qui prendra soin de moi ? »

11. De son Enfant Adapté à l'Enfant Adapté de l'autre :

« Tu auras toujours raison et moi, toujours tort. »
« Je devrais te griffer pour cela. »

Donner à des « invitations » non-OK des chances de transformer la relation en relation OK-OK

Dans la vie, il arrive que des personnes « tentent » de produire en nous une sensation désagréable (voir Symbiose, p. 137).

Voici quelques « classiques » et leurs options de réponses OK possibles. (Impossible d'être exhaustif, à vous de « saisir » l'*esprit* des réponses proposées, et de les transposer dans des situations familières.)

Situation 1

Face à quelqu'un qui s'exprime beaucoup dans son Enfant Rebelle :

« Cette fichue bonne femme, cette société pourrie, cette m… d'usine… ! »

→ RÉPONSE :

« Quelle énergie ! Si tu emploies cette énergie à trouver des solutions, sais-tu que tu vas en trouver des tas ? »

Mais, ce sont surtout les personnes qui agressent avec leur Parent Persécuteur qui posent problème.

Situation 2

Face à une personne qui ne laisse pas le temps de parler, qui assaille de mots, de jugements :

« Un instant, s'il vous plaît ! Vous dites des choses importantes ! Si je ne note pas, je ne vais pas les retenir ! »

Situation 3

Face à une personne qui cherche à vous dominer, à vous impressionner :

Rester — comme le plus froid des ordinateurs — dans votre Adulte, en attendant l'occasion de poser une vraie question.

Situation 4

Face à une personne qui essaie de vous entraîner dans un jeu négatif assez violent, verbalement :

« Et d'ailleurs, moi je vous signale tout de suite : les gens comme vous, j'en ai déjà maté de plus (coriaces, subtils, sournois, fins manipulateurs)… Vous me faites penser à ces (hypocrites, fins renards, faux jetons)… »

→ RÉPONSE :

« Ah ! Ce que j'apprécie chez vous, c'est votre franchise… ! »

RAPPEL

Les professionnels du traitement avec les personnes « psychotiques » et d'autres types de difficultés nécessitant un internement dans une institution psychiatrique, savent que les propositions rencontrées dans ce chapitre ne conviennent pas aux cas qu'ils y rencontrent.

La relation OK-OK, c'est bien, mais dois-je abandonner mes armes ?

> *« Du frêle esquif qu'on appelle jeunesse,*
> *Me vient la peur et ce cri de détresse :*
> *Fort, aimons fort*
> *Ayons cette faiblesse »*
>
> (Bernard Haillant)

C'est encore Claude Martin* qui pose la question. Ma réponse est simple : Il s'agit vraiment de savoir ce que vous voulez, Monsieur Martin.

La position OK-OK est une position dans laquelle vous, et les autres, êtes gagnants.

Dans laquelle vous êtes bien avec vous-même. Croyez-vous **vraiment** que quelqu'un puisse être bien avec lui-même, si c'est au détriment de quelqu'un d'autre ? Moi, non.

JE NE CROIS ABSOLUMENT PAS QUE CE SOIT HUMAINEMENT POSSIBLE ! ! !

Et ce, malgré les nombreuses « affirmations » de tous les « bourreaux de l'Histoire » ! Je sais : on, nous a tellement fait croire que l'amour n'était pas possible entre humains (c'est une idée qui a failli réussir !)

Je sais que, pour cela « et pour notre bien », on nous a convaincu de se fourbir des « armes » (matérielles ou psychologiques).

Je sais aussi — c'est la fréquentation des souffrances humaines qui me l'a appris — combien ces *« blindages »* psychologiques « coûtent » en difficultés personnelles. (Combien de maux du XXe siècle — que l'on qualifie à

---

* J'ai déjà indiqué ailleurs combien les auteurs francophones étaient redevables aux Claude Martin, aux Durant et Dupont de France et de Navarre… !

juste titre de « psychosomatiques », mais aussi de solitudes — trouvent leur origine dans la constitution physique *et mentale* de ces blindages.)

Le monde a déjà beaucoup essayé les trois positions de vie où une personne au moins (un groupe racial, national) n'est pas OK — et je trouve que, pour cette question-là, cela ne lui a pas tellement réussi.

Alors, en conclusion, je vous propose ceci :

Si on essayait de vivre Gagnant-Gagnant ?

Je pense vraiment qu'on risque surtout de découvrir que la *sérénité* et le bonheur sont les plus efficaces des blindages, parce que contagieux !

FAIRE DES CONTRATS CLAIRS ET PRÉCIS

C'est au début d'une relation qu'il faudrait faire un contrat clair et précis, mais qui peut dire quand commence une relation ? ? S'il est certaines situations où les « débuts » de relation sont nets et tranchés (début d'une collaboration professionnelle, départ de voyage en groupe), il faut bien reconnaître qu'il n'en est pas de même pour les relations vraiment importantes de la vie : couple, relations familiales, amicales, etc.

Hormis le cas d'un début de collaboration professionnelle (édification d'un « Contrat Motivant » que j'ai longuement développé dans *Mobilisez vos collaborateurs* (MS 1830), il me semble que l'intérêt d'un *contrat clair et précis* se situe, dans la plupart des cas, lorsqu'il s'agit, au moins dans l'esprit d'une personne, de « redresser » une situation, après un incident, aussi minime soit-il. Le *Contrat clair et précis* est une façon de proposer — à au moins un partenaire — un mode de fonctionnement pour la suite d'une relation, ou d'une collaboration.

Pour illustrer le côté *post incident* dont je parle ci-dessus, je vous propose d'imaginer la situation suivante :

> Jean est très amoureux de Nathalie. Son sentiment amoureux s'accompagne d'un désir qu'il ne sait pas bien gérer. En reconduisant Nathalie chez elle un soir d'été, il croit opportun de tenter de la serrer dans ses bras, en guise d'adieu. Si elle accepte ce qu'elle prend pour un geste de

tendresse, le rapprochement de sa bouche assez près de celle de Nathalie ne convient pas à cette dernière. Elle propose alors à Jean un ***contrat clair et précis:***
«Jean, j'apprécie de sortir avec toi, au ciné, au resto. Ta compagnie m'est agréable. J'apprécie la finesse de ton esprit. Par contre, je n'apprécie pas que tu essayes de m'embrasser. Pour moi, il s'agit d'un geste de tendresse que je ne conçois d'échanger qu'avec une personne pour laquelle j'éprouve davantage que le sentiment d'amitié que j'éprouve à ton égard, en ce moment. Je te demande donc de ne plus essayer de m'embrasser. Si mes sentiments évoluent, je t'en avertirai. D'accord?»

Le *Contrat clair et précis* n'est évidemment pas réservé à la situation des débuts d'une relation amoureuse, mais dans la plupart des situations humaines, sans «démarrage» ponctuel, où ce sera d'habitude à l'occasion d'un incident plus ou moins important qu'il est souhaitable de faire ce type de contrat.

La très grande part des difficultés humaines provient de ce que les protagonistes d'une relation humaine construisent une *attente* de ce que pourrait leur apporter la relation, mais — la plupart du temps — sans informer l'autre (ou les autres) de ces attentes.

Le *Contrat clair et précis* est la démarche par laquelle quelqu'un propose à quelqu'un d'autre de modifier cette inéluctable évolution vers une difficulté, vers une tension.

***Un Contrat clair et précis* comprend :**

1. Une description de ses *attentes*, au sujet de la relation naissante (qu'il s'agisse d'une relation à coloration amicale, amoureuse ou d'une collaboration à terme plus ou moins long), une description d'*objectifs* (quelque chose que l'on veut) en termes précis, concrets, limités, datés (l'imprécision est la source de sabotage inconscient que perçoivent les Petits Professeurs des personnes impliquées).

2. Une invitation faite à l'autre d'en faire autant.

3. Une invitation à chercher ensemble quel fonctionnement adapter, jusqu'à ce que la relation aboutisse à une satisfaction réciproque.

Et encore :

4. Une invitation à s'informer mutuellement de la façon dont on évolue dans la relation.

Pas besoin d'utiliser le vocabulaire AT pour rendre ce type d'outil « efficace ».

EXEMPLES :

> *« Louis, pour des raisons personnelles, j'aimerais qu'aujourd'hui tu prennes en charge les initiatives de la journée... Cela te convient-il ? »*

Si la réponse est affirmative, pas besoin d'en faire plus — le contrat est que pendant cette journée, ce soit Louis qui se charge de faire évoluer les choses. Il serait toutefois encore souhaitable, surtout si c'est la première fois que Pierre fait ce type de proposition à Louis :

> *« Je te propose de nous tenir mutuellement au courant des effets de cette décision, tout au long de la journée. »*

« Pour la période pendant laquelle Jean restera à l'hôpital, je propose que nous aidions Annie, en nous répartissant les visites d'une part, et une aide concrète dans son commerce. Qu'en pensez-vous ?

Suit une discussion sur la répartition-horaire que chacun s'engage alors à suivre, en n'oubliant pas la conclusion :

« Et je propose que nous nous informions mutuellement de ce qui se passe, y compris de la façon dont nous vivons cette période. »

« Émile, j'ai à t'informer de quelque chose qui est important pour moi... J'apprécie d'aller un certain nombre de fois avec toi au concert, au cinéma, mais j'ai aussi envie d'y aller parfois seule, parfois avec des amis... Je te propose donc de discuter ensemble pour définir — une fois par mois, par exemple — à quels spectacles nous préférerions assister ensemble, de façon à pouvoir prendre chacun nos dispositions vis-à-vis des autres. Comment ressens-tu cette demande ? »

Si la demande pose problème à l'autre, le moment est venu de *négocier* en présentant chacun ses points de vue et en orientant les énergies psychologiques des deux personnes vers la recherche d'une solution satisfaisante pour les deux parties (une solution à deux gagnants, faut-il encore le préciser ?). Lorsque cette solution est trouvée, chacun peut proposer :

« Je suis content de cette décision, mais je voudrais que nous l'adoptions à l'essai, pendant environ... trois mois, ça te convient ? »

Si oui, ne pas oublier la formule terminale importante d'un contrat clair et précis :

« Et bien sûr, je trouve fort important que nous nous disions l'un à l'autre comment nous vivons cette "expérience" ! »

« Je suis bien content que nous partions en vacances ensemble et je crois que pour que les choses se passent le mieux possible pour chacun d'entre nous, il serait bon que nous décidions dès maintenant de la façon dont nous

allons nous répartir les "charges" d'un séjour de quatre personnes à la montagne. Qu'en pensez-vous ?»

→ EXEMPLE de contrat avec soi-même :

«Je vais exprimer à mon patron les points sur lesquels je suis en accord avec lui, tout comme ceux où je ne le suis pas.»

«Je vais prendre mes dispositions pour m'offrir une heure de relaxation par jour.»

«Je vais lire un ouvrage sur l'Affirmation de Soi[1] *et le mettre en application dans les trois mois qui viennent.»*

Un outil d'amélioration des rencontres avec les autres - la GIR ou Grille de mesure de l'Investissement dans les Relations avec les autres

Je vous propose, ci-dessous, un outil utile à la préparation et à l'analyse ultérieure de vos rencontres.

Il est basé sur l'observation des **3 dimensions** impliquées dans la «réussite» ou «non-réussite» d'une rencontre.

Ces trois dimensions sont :

1. La **situation** de la rencontre (lieu et moment) ± 33 %
2. Ma **disposition** à l'égard de la personne B ± 33 %
3. La **disposition** de la personne B à mon égard ± 33 %

Ces facteurs sont à multiplier lorsqu'une rencontre se fait à plus de deux personnes.

---

1. Difficile de ne pas vous recommander le mien !

GRILLE D'INVESTISSEMENT DANS LA RELATION (GIR)

Le lieu et le moment sont *assez* importants

1. Confort et agrément du lieu de rencontre

0.................................100

2. Moment et durée de la rencontre

0.................................100

Deux personnes très bien disposées l'une vis-à-vis de l'autre peuvent voir leur rencontre très perturbée par un « milieu ambiant » (ex. bruits de marteaux-piqueurs).

Mais, dans ce cas, leur pouvoir d'**action** concrète sur cet élément est assez élevé. De même, en ce qui concerne le moment, qui peut toujours être reporté.

En ce qui concerne ma bonne disposition et celle de mon interlocuteur, si la rencontre n'a pas réussi, il vaut mieux une analyse de mon Adulte :

— Est-ce que je l'ai vraiment considéré comme OK ?

— Quel jeu négatif ai-je initié ? Dans lequel me suis-je laissé entraîner ?

— Les éléments de la situation étaient-ils « porteurs » ?

plutôt que de fonctionner comme souvent les humains le font, où, en cas d'échec, seul intervient, a posteriori, un jugement négatif du Parent sur l'une des trois dimensions en présence.

Appréciation de MA disponibilité

1. Motivation à la rencontre (intérêt de la rencontre — pour moi — ou/et pour l'autre personne)

Il s'agit d'apprécier le degré d'envie (ou d'intérêt) pour la rencontre.

0...100

2. Élan vers l'autre
(affection, estime en présence, sympathie, considération vis-à-vis de l'autre personne).

0..100

3. Capacités « techniques » de communication mises en œuvre (Écoute Active, reflet, attitude Problem Solving)

L'Écoute Active est la réelle disposition à savoir « écouter » l'autre, sans interpréter ce qu'il dit — ce qui est vécu comme l'expression la plus bienveillante par un interlocuteur. (Démarche opposée à celle par laquelle on entend ce qu'on **veut** entendre !)

L'attitude Problem Solving consiste à mobiliser son énergie vers la recherche d'un compromis réaliste et celle de solutions, plutôt que celle de « responsables ».

0..100

SA disponibilité (vue par moi)

Mêmes critères :

1.
0..100
2.
0..100
3.
0..100

6

DES SCÉNARIOS POUR LA VIE

Il semble bien qu'il y ait au sujet de la réelle paternité de cet outil couronnant les apports de l'AT, une « discussion » parmi les exégètes de Berne.

Le scénario d'Éric Berne, selon Steiner

Selon Claude Steiner, la vie d'Éric Berne était sous l'emprise d'un scénario, ce qui l'empêcha d'explorer pleinement cette notion.

Le père d'Éric, dont il admirait la dignité et la pauvreté, était médecin de campagne. Sa mère s'est retrouvée veuve assez tôt — Éric avait 11 ans — ; elle devint écrivain public pour élever ses deux enfants et mourut à 60 ans d'un infarctus.

Éric Berne poursuivait le plan d'une vie « sans amour » (voir p. 114), consacrée au travail d'écriture, et qui comportait une mort précoce (60 ans).

Éric Berne connut trois échecs conjugaux, consacra sa vie à écrire « comment guérir les gens » (joignant ainsi les métiers de son père et de sa mère) et mourut à 60 ans, d'un infarctus.

Pour Steiner, cette fin tragique est le résultat de très fortes injonctions lui interdisant d'aimer les autres et d'accepter leur amour, ainsi que d'attributions l'obligeant à être indépendant et détaché affectivement. Et Éric Berne n'aurait pas vraiment réussi à utiliser son Adulte pour analyser son propre scénario, tant il en était « prisonnier ».

Pourtant — comme le souligne Raymond Hostie, l'un des commentateurs d'AT les plus avertis, dans son excellent *L'AT : l'âge Adulte*[1] —, Berne met le scénario en évidence dès sa première présentation de l'AT, mais ce n'est finalement que dans son œuvre posthume *Que dites-vous après avoir dit Bonjour ?*[2] qu'il traite ce sujet délicat en lui faisant poser la question la plus difficile de l'AT : « L'être humain est-il libre ou déterminé ? Peut-il échapper à l'emprise de son scénario ? » La difficulté de cette question explique pourquoi, parmi les outils de prime abord bien séduisants de l'AT, le scénario est de ceux que beaucoup semblent vouloir éviter. Moi-même y compris, puisqu'à l'instar de Berne, j'ai évité ce sujet difficile dans mon premier livre !

Ou comme le dit R. Hostie : *« L'homme est-il un automate ? »*

C'est pourquoi après avoir travaillé plusieurs années avec le fondateur, il semble que ce soit surtout Claude Steiner qui ait affiné les concepts et les outils relatifs au scénario de vie.

---

1 et 2 : voir Bibliographie.

Il en propose notamment — dans l'esprit de l'AT, cette définition simple :

DÉFINITION DU SCÉNARIO DE VIE

Le scénario de vie est une **décision** que prend le petit d'homme en choisissant entre *ses besoins et ses désirs propres* **et** *les pressions des injonctions et attributions* que lui expriment ou manifestent sa famille, ou ceux qui l'éduquent.

Une définition simple qui, bien sûr, pour notre compréhension, mérite certains commentaires.

Accès difficile à la conscience

La présence des États du Moi, la perception de la façon dont nous échangeons à partir d'eux des *transactions* avec les autres sont des réalités que la plupart d'entre nous reconnaissent avec facilité. Cela devient un peu plus difficile pour notre amour-propre que d'accepter de considérer que nous sommes animés par le besoin de satisfaire les trois *soifs* sur lesquelles l'AT met l'accent : **soif de strokes positifs** (ou négatifs !) ; **besoin de positions de vie**, et **besoin de structure du temps**.

Certains refusent de considérer que nous sommes entraînés par une « programmation » dont nous sommes peu conscients à « jouer » avec les autres à des jeux négatifs…

Mais quand bien même l'on découvre la pertinence de cette analyse, nombreux sont enfin ceux qui refusent d'admettre l'idée d'une *« super-programmation »* qui concernerait notre vie dans sa globalité !

Et la perspective d'une *reconstruction* d'une vie « hors scénario » — ou « sans scénario » — ne recueille pas encore l'adhésion de ceux — pourtant fort nombreux — qu'avaient séduits les premiers outils de l'AT !

• L'une des explications majeures tient sans doute au fait de ne pas oser remettre en cause l'un des piliers du scénario : une injonction des plus présentes, jusqu'à nos générations des années '90 :

> *« Ne sois pas* ***plus*** *heureux que nous, tes aînés ! »*

Eh bien, si ! ! ! Mille fois oui ! ! ! Nous en avons plus que le droit ! Nous avons le droit (et mon Parent aurait bien envie d'ajouter : le devoir !) de vivre une vie beaucoup plus heureuse que celle de nos parents, de nos aînés !

• Une autre raison, en relation avec cette *permission fondamentale*, tient au fait que la stricte application des premiers outils de l'AT (jusque y compris l'analyse des « jeux négatifs ») apporte un mieux-être déjà tellement appréciable que nombreux sont ceux qui renoncent à l'aide d'un thérapeute compétent pour s'engager dans la voie de l'accomplissement, de l'épanouissement « hors scénario ».

Sophie Nicolas — une transactionnaliste française — émet l'intéressante hypothèse [1] selon laquelle :

> *« Le désir de Steiner de minimiser la différence entre scénarios tragiques et scénarios banals ressemble au désir de Freud de prouver que nous sommes tous des névrosés... la notion de scénario banal induit que nous avons tous un scénario et que les individus sans scénario relèvent de l'exception. »*

1. Sophie Nicolas, in « Bulletin de l'IFAT ».

L'INSUPPORTABLE POSTULAT DE S. FREUD

« Nous sommes tous des névrosés »

Il me semblerait difficile de réfuter le postulat du fondateur de la psychanalyse [1], dans la mesure où le génial psychothérapeute viennois considère comme « névrosé » tout individu qui présente une quelconque insuffisance dans son adaptation à la réalité, dans l'accomplissement de ses potentialités affectives, physiques et intellectuelles*.

Comme pour de très nombreuses « découvertes » dans tous les domaines de la psychologie [2], l'état des « cas » très difficiles — nous dirons ici : des scénarios dramatiques (ou *hamartiques*, d'après un terme d'origine grecque) — a permis l'édification d'une théorie des scénarios.

Steiner et les transactionnalistes de la première heure ont redécouvert la pertinence de la référence à Freud : **la plupart des scénarios banals sont plus ou moins marqués (ou teintés) d'éléments de scénario dramatique**.

Avant de définir les concepts fondamentaux du scénario de vie que sont :

— les *injonctions* ;
— les *attributions* ;
— les *décisions* ;
— les *types de scénarios*,

il me paraît intéressant pour la progression de cet important chapitre de proposer, par une citation de Claude Steiner, un ou deux exemples de « scénarios dramatiques » :

1 et 2. Voir Bibliographie.
* Ceci est ma « traduction » du concept de névrose généralisée.

> *« Imaginons des parents pris eux-mêmes dans une situation oppressive : ils travaillent tous deux huit heures par jour, ou qu'ils aient déjà huit enfants et une seule chambre — les enfants n'auront pas assez de place pour s'exprimer. L'Enfant du père et de la mère dira : "Arrête, ne t'agite pas, ne fais pas de bruit, ne ris pas, ne change pas, ne sois pas heureux." L'Enfant du père et de la mère est jaloux, et en se rebellant, se substitue à la place du Parent Nourricier. Tandis que la petite personne développe ses trois États du Moi, ce qu'elle voit de ses parents devient son propre État Parent. Elle enregistre les réactions parentales — non celles du Parent Nourricier, mais celles, teintées de compétitivité, de colère et de frayeur, de leur Enfant. Dans ce cas, l'État du Moi Parent de la petite personne provient de l'Enfant de la mère ou du père, et nous l'appellerons la sorcière, l'électrode, l'Enfant Fou ou le Parent Flic. »* [1]

La sorcière, l'électrode (vous savez ! Ce composant électronique que le Docteur Frankenstein « installe » dans le « cerveau » de son « androïde », pour le « modeler » à sa façon !) sont des « images » de la manière de *façonner*, de *donner une empreinte forte* au petit d'homme — des « images simples » bien conformes à l'esprit de l'AT.

(Pour l'Enfant Fou et le Parent Flic, se référer à la page 73.)

Un autre exemple, déjà moins dramatique :

> *« La mère d'un petit garçon avait très peur des hommes agressifs, car son mari, qui en était un, l'avait battue et abandonnée. Lorsque son fils vint au monde, elle se dit qu'elle ne voudrait pas qu'il devienne un homme viril et agressif.*
> *Les injonctions qu'elle employa furent donc : "Ne sois pas agressif", "Ne t'affirme pas", et les attributions : "Tu es gentil", "Tu es doux". Elle entendait ainsi influencer son comportement. De fait, lorsqu'il fut un peu plus grand, il n'était pas très viril et présentait de nombreuses caractéristiques plutôt féminines. Il était différent des autres petits garçons, qui se moquaient de lui et le traitaient de "pédé". Ayant*

1. *Des scénarios et des hommes*, Claude Steiner, Épi.

appris que cela avait quelque chose à voir avec le fait de devenir homosexuel, il chercha la définition de "homosexuel" dans un dictionnaire et découvrit qu'un homosexuel est un homme qui a des relations sexuelles avec un autre homme. Un jour, en traversant le parc, il fut approché par un homme avec qui il eut des relations sexuelles. Cela lui plut et il décida, à ce moment-là, qu'il était un homosexuel. Ce fut ainsi qu'un ensemble d'injonctions et d'attributions le conduisirent à décider qu'il était quelque chose qu'il n'était pas tenu d'être, et cela avec une marge réduite.
Il ne choisit pas réellement d'être homosexuel. Ce furent la pression familiale et les circonstances qui le poussèrent à ce choix.
Voilà donc comment des pressions familiales, exercées pendant des années, se combinent aux circonstances, pour pousser des personnes à prendre des décisions de vie. »[1]

Et voici maintenant un exemple, nettement moins dramatique — donc nettement plus « banal » — de transmission d'un « élément » de constitution de scénario :

Jean et Marie ont plusieurs enfants.
Jean travaille dans l'informatique, au sein d'une grande multinationale. Quand il rentre du travail, Marie lui demande souvent : « *Comment a été ta journée ?* » Certains jours, Jean rejoint le domicile familial avec ce qu'on appelle « une tête d'enterrement ».
Avec le temps, une complicité s'est installée entre Jean et Marie, qui a accepté le fait que Jean fasse « sa tête d'enterrement ».
Quand Jean rentre de cette façon du travail, Marie, le plaint, lui sert un « petit whisky » et dit à ses enfants, Muriel, Jenny et Max :
« *Il faut laisser Papa rentrer sa tête dans sa coquille, il a des ennuis au travail.* »
Vingt ans plus tard, alors que Muriel a décroché un très bon emploi dans une firme pharmaceutique, elle s'étonne des remarques de son mari Kevin — qui sont pour elle démonstration de ce qu'il « ne la comprend pas, donc, ne l'aime pas vraiment » — lorsqu'elle tente de montrer qu'elle a vécu

1. *Op. cit.*

une journée difficile, et qu'elle souhaiterait un peu de réconfort :
« *Toi, quand quelque chose ne va pas, tu ne sais faire qu'une seule chose :* ***rentrer ta tête dans ta coquille*** *!* »

Une typologie fondamentale des scénarios

Très rapidement, Steiner perçoit que la grande majorité des scénarios présente suffisamment de caractéristiques communes pour proposer un outil conceptuel de *typologie des scénarios* en trois catégories :

— le scénario *« Sans amour »*
— le scénario *« Sans joie »* et
— le scénario *« Sans pensée »*

Certains cumulent deux de leurs caractéristiques, rarement les trois. On comprend qu'il s'agit — dans le scénario de vie — de l'absence de *permissions* (d'invitations) à vivre ces grandes caractéristiques de la réalité humaine.

1. Le scénario « sans amour »

C'est le scénario où l'échange de strokes, présenté comme dangereux — ou inutile — à travers les messages adressés au petit d'homme, n'est pas « proposé » comme ayant l'importance qu'il a.

Devenu peu capable de gérer cct aspect important de la vie, l'individu adulte se retrouve dans une situation de solitude qu'il n'a pas voulu, et présente un caractère dépressif assez fréquent.

2. Le scénario « sans pensée »

L'explication est la même que pour le scénario « Sans amour », mais cette fois, c'est l'encouragement à penser par lui-même qui est refusé au petit d'homme. C'est le type de scénario qui explique la chute dans la folie — plus ou moins importante — d'un certain nombre d'individus.

3. Le scénario « sans joie »

L'explication est identique aux deux types de scénarios présentés ci-dessus. Cette fois, c'est l'expression de la prise de plaisir, de l'appréciation des beaux côtés de la vie, qui est absente.

Ce scénario explique pourquoi fort nombreux sont les humains qui cherchent des « compensations » dans toutes sortes de *drogues* (ou dépendances, même s'il existe un « consensus » pour ne pas tellement les reconnaître comme telles) : toxicomanie, alcool, tabac, médicaments, café, tranquillisants, ainsi que certaines activités jouant le même rôle.

La matrice de scénario

C'est l'outil d'analyse qui permet de représenter les éléments constitutifs d'un scénario de vie.

(La bonne compréhension de cet outil d'analyse des scénarios implique la lecture de « L'Analyse structurale du second degré, p. 71.)

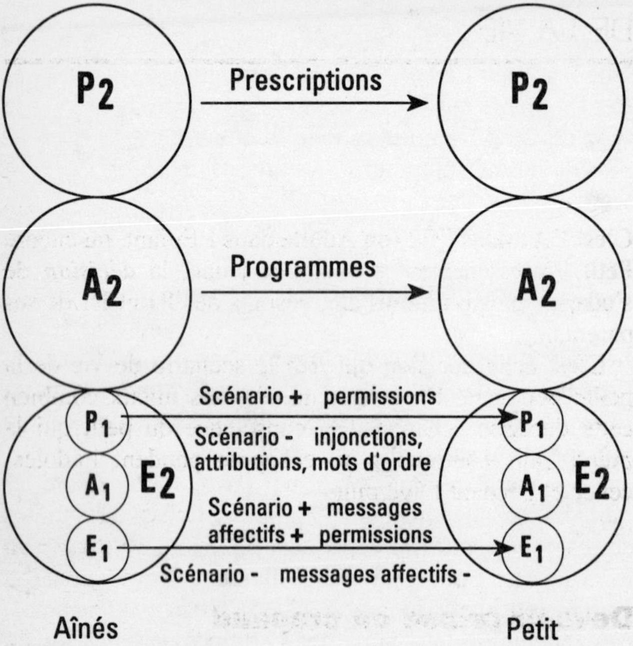

Ce schéma présente comment les messages P2 et A2 des parents du petit d'homme (ou des aînés ayant joué le rôle d'éducateurs) vont former les États P2 et A2 du petit d'homme. Les messages P2 vers P2 du petit sont appelés *prescriptions de scénario*. Les messages A2 vers A2 du petit sont appelés *programmes du scénario*.

LA DÉCISION LA PLUS IMPORTANTE DE LA VIE

C'est l'A1 dans l'E2 (ou Adulte dans l'Enfant, ou encore Petit Professeur) qui prend, très jeune, la ***décision*** de s'adapter plus ou moins aux besoins des P1 et E1 de ses parents.

C'est cette décision qui *fixe* le scénario de vie de la petite personne. On comprend dès lors mieux combien cette décision échappe à la conscience du petit qui la prend, puis continue à lui échapper pendant l'adolescence et pendant l'âge mûr.

Devenir prince ou crapaud

La mesure dans laquelle le P1 des parents est « Ogre » ou « Sorcière » ; celle dans laquelle leur E1 est « Enfant fou » ou non va déterminer le nombre et la nature des ***injonctions***, ***attributions*** et ***mots d'ordre*** (drivers) dans la constitution du caractère dramatique du scénario du petit d'homme auxquels ils s'adressent, transformant ainsi le ***petit prince*** potentiel qu'est tout enfant naissant en ***crapaud***. Ou dans le cas où les parents sont eux-mêmes « prince » et « princesse » — ou encore, décidés à faire le mieux possible pour faire de leurs enfants des « princes » et des « princesses », ils constitueront auprès de leurs petits des scénarios « gagnants », faits majoritairement de ***permissions*** (à partir de leurs P1 et E1 vers les

P1 et E1 de leur(s) petits) et de ***messages affectifs*** positifs (de leur E1 vers l'E1 de leurs petits), leur permettant de grandir en ***princes*** ou ***princesses*** de la vie.

Les injonctions

Ce concept a été développé dans mon premier ouvrage (p. 141).

Il me paraît cependant intéressant d'y ajouter ces précisions de Steiner :

> *« L'injonction de la méchante sorcière est presque toujours transmise d'une façon non verbale, sans l'aide de mots explicites. C'est pourquoi la plupart des gens ont du mal à admettre qu'ils ont reçu de telles injonctions... C'est ainsi que l'injonction "Ne sois pas sûr de toi" peut être transmise, sans jamais être exprimée verbalement, en renforçant constamment des comportements passifs, et en décourageant des comportements assurés. »*

Les attributions

Steiner, considère les « attributions » — une « découverte » de Ronald Laing — comme aussi importantes que celle des injonctions :

> *Une des manières pour pousser quelqu'un à faire ce que nous voulons qu'il fasse est de lui donner un ordre. C'est une autre paire de manches que de pousser quelqu'un à être ce que nous voulons qu'il soit... c'est-à-dire à le faire s'incarner dans notre propre projection. Sous hypnose (ou dans un contexte similaire), nous ne lui disons pas ce qu'il doit être, mais* ***qu'il l'est*** [effectivement]. *De telles attribu-*

tions sont alors bien plus puissantes que des ordres (ou que toute autre forme de coercition ou de persuasion). Une instruction n'a pas besoin d'être définie comme étant une instruction.
Je pense que les ordres qu'on nous donne le plus tôt, et dont les effets persistent le plus longtemps, le sont sous la forme d'attributions. On nous dit que c'est comme ça, et qu'il en est ainsi. On ne se contente pas d'ordonner à quelqu'un d'être un bon ou un mauvais garçon (ou fille), on lui dit qu'il (elle) est un bon ou mauvais garçon (ou fille). ... Le médium idéal pour ce genre de communication n'est probablement pas le langage verbal. » [1]

Se faire une idée approximative de son propre scénario

L'AT a édifié un outil — dont l'interprétation nécessite une solide formation en la matière — pour analyser les caractéristiques du scénario d'une personne : le *« Questionnaire de scénario »*.

Le petit questionnaire ci-dessous (p. 120) ne peut viser que l'approximation annoncée en titre de ce paragraphe, et suppose avoir bien intégré les données de mes 2 ouvrages.

A vous d'interpréter les réponses à ces questions pour vous faire une idée approximative (Attention ! Pas de conclusions définitives !) du style de votre scénario.

Remarque : Chaque fois que j'ai proposé ce Questionnaire approximatif, j'ai vu s'exprimer la confirmation d'un scénario (au moins banal) chez la plupart des gens.

---

1. Laing Ronald, *La politique de la famille*, Stock, 1979.

1. *Quelles étaient la ou les interdictions* de fait (c'est-à-dire, pas forcément exprimées dans des messages clairs!) *les plus fréquentes et les plus fortes dans votre famille ?*

2. *Vous faites une erreur — se tromper de route, écrire une mauvaise adresse, renverser un récipient, transmettre un mauvais document, un mauvais outil - Que dites-vous (à vous-même) ? Quelle réaction avez-vous ? Que pensez-vous de vous-même ?*

3. *Quelle sera la phrase clé de votre éloge funèbre, prononcée par vos proches ? « Il (Elle) était... C'était quelqu'un de ... C'était quelqu'un qui... »*

4. *Et vous-même, que diriez-vous ?*

5. *Qui était (et est encore ?) votre « modèle » dans la vie, personnage réel ou historique, ou personnage de fiction, héros de roman, de cinéma ou de théâtre ?*

6. *Quelle est votre « histoire » préférée (conte, roman, film, etc.) ?*

7. *Obéissiez-vous aux fortes interdictions existant dans votre famille ?*

8. *Considérez-vous que vous étiez accepté tel quel, par votre famille ?*

9. *Quel type de sentiment n'était pas apprécié dans votre famille ?*

10. *Qu'arrive-t-il, selon vous, aux gens qui vivent comme vous ?*

Des outils pour la thérapie

Je ne développe pas ici les notions de *mini-scénarios*, ni de *contre-scénarios* dont l'intérêt relève surtout de la pratique psychothérapeutique.

Le pouvoir de redécider

Des *redécisions* concernant les « points forts » de nos scénarios sont généralement prises dans le cadre d'un contrat de changement de scénario thérapeutique.

Est-ce dire que le processus de redécision n'est réservé qu'aux personnes « entrant en thérapie » ?

En principe, non, mais il faut dire que la *Protection* proposée par le thérapeute lorsqu'une personne « quitte » des mécanismes « psychologiques » qu'elle a adopté (depuis 20 ou 50 ans ?) est un élément des plus favorables à l'expérimentation des *Permissions* nouvelles que la personne en question tente alors.

Comme le précise James Mc Kenna, dans son ouvrage *Rompre avec les tabous* [1], une bonne façon de découvrir quelles permissions il s'agit de s'offrir pour remplacer les interdits de l'enfance, consiste à répondre à ces questions :

1. *Quand je ne suis pas d'accord avec les autres, qu'est-ce que je fais de mes sentiments ?*
2. *Est-ce que je fais confiance aux gens que je ne peux pas contrôler ?*
3. *Quand j'ai l'impression que quelqu'un me contrôle, est-ce que je me mets en retrait ou bien est-ce que je réagis activement ?*
4. *Est-ce que je peux penser clairement lorsque je suis stressé ? En cas de désaccord, est-ce que je me sens aussi libre de dire « oui » que « non » ?*

Les réponses que vous donnerez à ces questions vous éclaireront sur les Permissions à acquérir.

Mais **attention**, « le refus à accepter la responsabilité de nos réussites comme de nos échecs est l'un des plus grands obstacles au changement ».

1. Interéditions, 1992.

TYPOLOGIES DE SCÉNARIOS

Les auteurs d'ouvrages de psychologie échappent difficilement à la tentation de proposer leurs systèmes de typologies des humains. (Moi-même, je n'ai pas résisté à proposer le mien, dans *« Oser Être Soi-Même »*[1], d'ailleurs inspiré de la caractérologie de Le Senne, ainsi que d'autres sources.)

Les spécialistes de l'étude des scénarios n'y ont pas échappé non plus.

Les limites de ces systèmes sont dues à ce qu'ils peuvent, malgré les précautions de leurs auteurs, servir de moyens coercitifs supplémentaires — comme si la « nature humaine » n'était déjà pas suffisamment douée, sur ce plan… !

Et on peut déjà observer que des firmes commerciales sans scrupules demandent à leurs cabinets de recrutement de leur trouver *« de vrais Promoters* qui-en-veulent pour leurs équipes de vente, de vraies Sensibles pour leurs équipes d'hôtesses… »*

Le danger, c'est que ce type d'usage nous rapproche davantage du *« Meilleur des Mondes »* de Huxley, plutôt que de servir positivement, à savoir comme **outils de compréhension de la variété humaine**.

Ce préambule pour vous encourager à la meilleure utili-

1. *Op. cit.*

* L'un des types de personnalité, dans le modèle « Process Communication ».

sation possible des **typologies de scénarios** mises au point par Claude Steiner et son collaborateur Hogie Wyckoff. On y retrouve la caractéristique première de l'AT, à savoir l'emploi d'un langage proche de la vie quotidienne.

Scénarios banals féminins

1. La Mamma
(ou la femme à l'ombre de la famille)

Injonctions et attributions : *« Sois une bonne mère », « Sois gentille », « Sacrifie-toi pour les autres »*
Images mythiques : *spots publicitaires pour lessives et entretien de la maison*
Composante somatique : *tendance à l'embonpoint*
Jeux négatifs : *« Éreintée », « Femme frigide », « Regarde comme j'ai essayé »**

---

2. La femme frivole
(ou la femme sexy)

Injonctions et attributions : *« Ne vieillis pas », « Ne sois pas toi-même », « Sois mignonne »*
Images mythiques : *Marilyn Monroë, Brigitte Bardot*

* Certains de ces jeux sont développés dans l'Analyse Transactionnelle, Marabout n° 3516, p. 110. Pour une information complète, lire Éric Berne, *Des Jeux et des hommes*, Stock, 1975.

Composantes somatiques : *peau desséchée par cosmétiques, pieds abîmés par chaussures trop serrées*
Jeux négatifs : *« Au viol », « Schlemiel », « Alcoolique » (ou pilulomane)*

---

3. La Femme à l'ombre de l'Homme
(ou la femme coach de son mari)

Injonctions et attributions : *« Sois aidante », « Ne t'attribue pas de mérite pour ce que tu fais », « Soutiens ton homme »*
Images mythiques : *Jacqueline Kennedy, Nancy Reagan*
Composante somatique : *tendance à être légèrement voûtée*
Jeux négatifs : *« Vous êtes formidable, M.X », « Sans toi », « Heureux de vous rendre service »*

---

4. « Pauvre de Moi »
(ou l'éternelle victime à la recherche d'un sauveteur)

Injonctions et attributions : *« Ne grandis pas », « Obéis à tes parents », « Ne pense pas »*
Images mythiques : *Cendrillon, La petite Orpheline*
Composantes somatiques : *corps faible, expression du visage souvent surprise ou triste*
Jeux négatifs : *« C'est affreux », « Stupide », « Fais quelque chose pour moi »*

---

5. La belle incomprise
(celle qui ne se sent pas belle, ni bien dans sa peau)

Injonctions et attributions : *« Ta beauté n'est que superficielle », « Ne sois pas proche », « Ne sois pas toi-même »*
Images mythiques : *grandes vedettes du cinéma et de la télévision*
Composantes somatiques : *souvent crispée et tendue, difficultés à atteindre l'orgasme*
Jeux négatifs : *« Au viol », « Sans toi », « Défauts »*

---

6. L'Infirmière
(jusqu'au bout de ses forces)

Injonctions et attributions : *« Prends d'abord soin des autres », « Ne demande rien pour toi », « Travaille dur »*
Image mythique : *L'infirmière des films de guerre*
Composantes somatiques : *varices et douleurs des pieds*
Jeux négatifs : *« Oui mais », « C'est affreux », « Sans toi »*

---

7. La grosse dame
(ou l'obsédée des régimes)

Injonctions et attributions : *« Ne dis jamais non », « Ne te mets pas en colère », « Ne t'aime pas »*
Images mythiques : *femmes de Rubens, Elizabeth Taylor (à partir de 50 ans)*
Composantes somatiques : *sa graisse lui sert de cuirasse, tendance aux accidents mi-*

neurs (comme entorses de chevilles)
Jeux négatifs : *« Boulimique », « Jambe de bois (Moi et mon poids) », « C'est affreux »*

---

8. L'Enseignante célibataire
(ou pas besoin d'homme chez moi)

Injonctions et attributions : *« Sois indépendante », « Ne sois pas toi-même », « Suis les règles »*
Images mythiques : *sa maîtresse d'école et sa tante Louise, qu'elle admirait pour son indépendance économique*
Composantes somatiques : *maux de tête fréquents, douleurs importantes au moment des règles*
Jeux négatifs : *« Sans toi », « Sans eux », « Oui mais »*

---

9. La sorcière batailleuse
(la femme aux pouvoirs secrets)

Injonctions et attributions : *« N'aie pas confiance », « Ne sois pas proche », « Tu es différente des autres »*
Images mythiques : *récits de gitans et contes de fées, Madame Irma*
Composantes somatiques : *corps mince et tendu, dort mal*
Jeux négatifs : *« Battez-vous », « Cette fois, je te tiens », « La scène »*

---

10. La Dame de fer
(ou la compétition faite femme)

Injonctions et attributions : *« N'aie pas confiance », « Venge-toi », « Occupe-toi de toi d'abord »*
Images mythiques : *les pionnières et Marlène Dietrich, Katherine Hepburn*
Composantes somatiques : *corps sportif, parfois des problèmes d'intestins*
Jeux négatifs : *« Cette fois, je te tiens », « La Scène », « Tribunal »*

Scénarios banals masculins

1. Super-Papa
(ou Papa Poule)

Injonctions et attributions : *« Tu as toujours raison », « Prends soin de tout le monde », « N'admets pas de faiblesse »*
Images mythiques : *« Les Hommes en blanc », « Le père de la petite orpheline »*
Composantes somatiques : *torse gonflé, raide et nerveux*
Jeux négatifs : *« Sauvetage », « Tribunal », « Sans toi (eux) »*

---

2. Playboy
(ou chercher la femme parfaite)

Injonctions et attributions : *« N'accepte pas un deuxième choix », « Ne te donne pas en cadeau »*

Images mythiques : *Casanova, Don Juan, Hugues Heffner, Julio Iglésias*

---

3. Monsieur Muscle
(ou la force, pas le sentiment, triomphe dans la vie)

Injonctions et attributions : *« Ne pense pas », « Sois compétitif »*

Composantes somatiques : *davantage musclé selon le sport choisi, plus tard, prend du poids et devient gros*

Jeux négatifs : *« Stupide », « Règle son compte à… », « Travail en vacances »*

---

4. L'Intellectuel
(ou la tête, rien que la tête)

Injonctions et attributions : *« Ne sens pas », « Tu es intelligent », « Utilise ta tête »*

Images mythiques : *Einstein, Bertrand Russell, Jean-Paul Sartre*

Composantes somatiques : *épaules courbées, respire peu profondément*

Jeux négatifs : *« Tribunal », « Oui mais », « Fais quelque chose pour moi »*

---

5. Le bourreau des cœurs
(ou le macho)

Injonctions et attributions : *« Ne sois pas proche », « Ne fais pas confiance », « Ne te laisse pas aller »*
Images mythiques : *Général Patton, « Le Légionnaire », Blueberry*
Jeux négatifs : *« Cette fois, je te tiens », « Défauts », « Sans elles (les femmes) »*

PISTES POUR UN SCÉNARIO HEUREUX

Il est évidemment illusoire de chercher à cerner les éléments constitutifs d'un scénario qui, appliqué à la lettre, garantirait à son bénéficiaire *« toutes »* les chances de devenir une personne heureuse.

Si cela avait été « indispensable », il n'y aurait, forcément, jamais eu de papou heureux !

Ces paragraphes consacrés aux scénarios n'ont donc pour ambition que de proposer quelques *lignes directrices* (forcément très généralisées) parmi les plus importantes à ne pas négliger.

A l'État Adulte

Compte tenu des spécificités propres à chaque région du monde — grâce à Dieu, la « planétisation » d'une seule et même **culture** n'est, malgré la domination du modèle « américain », pas encore une réalité universelle ! —, il ne me paraît pas possible de définir explicitement quels sont les milliers de **« savoirs »**, de **« savoir-faire »** qu'il est utile de transmettre à l'Adulte du petit d'homme dans nos régions occidentales*.

---

* Faut-il instruire *tous* les petits d'hommes *du monde entier* des 40 variations de dénomination des différents types de neige, auxquels sont confrontés les Inuits, en Laponie ?

Je dirai seulement qu'il est bienvenu d'encourager la meilleure fréquentation scolaire possible (les institutions éducatives ont un rôle primordial à jouer dans l'édification des « savoirs » des États Adulte de nos petits) ; que ce travail des éducateurs scolaires **doit impérativement** faire l'objet d'une attention bienveillante, d'un soutien du Parent Bienveillant des parents du petit d'homme, et d'une aide de leur propre Adulte à la réalisation des tâches scolaires.

Mais l'École ne peut pas être la seule École de Vie (parce que les impressionnantes quantités de « savoirs » de la Vie ne peuvent être « enfermées » dans les structures de l'enseignement organisé à partir de plus ou moins cinq/six ans).

Il y a tout ce qui touche la vie relationnelle familiale d'abord **où il importe de proposer à l'A2 du petit des règles de fonctionnement structurées** plutôt que de laisser l'A1 tout deviner !*

Il y a ensuite ce qui concerne la vie de l'individu dans la communauté (travail, contacts sociaux, contacts amicaux). Dans ce domaine, il importe de compléter la *formation* de l'Adulte du petit par rapport à l'*information* dispensée par les institutions d'enseignement, ce qui revient à dire **traduire**, **adapter** ces informations, les **rendre vivantes**, faciliter leur intégration.

C'est encore à l'Adulte des parents de proposer à l'Adulte du petit les instruments de culture que propose notre monde évolué. Comment accéder aux informations, aux livres, aux médias, aux manifestations « culturelles » (mot que je mets entre guillemets pour en souligner le caractère encore trop souvent artificiel) ?

---

* Il reste, de toutes façons, une part assez importante de règles de fonctionnement en société qui seront, longtemps encore, « déduites » par l'A1 du petit d'homme.

Enfin — en dépit de tous les discours Victime et pleurnichards sur les méfaits de notre civilisation (tiens ! encore un travail pour l'Adulte des parents : apprendre à leurs petits à discerner les aspects positifs **(énormes)** et ceux négatifs (toujours **trop importants** par définition) de nos civilisations !) —, il reste un terrain où l'Adulte des parents peut et doit jouer un rôle de premier plan (conjugué avec une complicité heureuse de leurs États Enfant), c'est celui de la découverte de la **Nature** d'une part, et celle, d'autre part, des découvertes de la vie **artistique***.

A l'État Enfant

C'est évidemment par des **messages** (dans lesquels le non-verbal** joue un rôle bien souvent plus important que les messages verbaux !) **affectifs positifs***** émis vers l'Enfant du petit que celui-ci va voir sa confiance en lui-même croître au point de lui faire ressentir qu'il est fondamentalement OK, unique, et riche des potentialités susceptibles de lui permettre de « réussir » sa vie, de faire face à l'adversité, de faire face aux problèmes qui se

* La « pratique » des arts, surtout, est une activité qui combine à merveille les potentialités de l'Adulte et de l'Enfant !

** Pour rappel : le verbal = les mots, les phrases qu'on émet, le non-verbal = les gestes, les attitudes, les bruits, les silences qu'on fait.

*** Certains esprits chagrins se sont parfois inquiétés des *doses* de messages affectifs positifs à donner, à ne pas dépasser. Qu'ils retiennent bien que si des enfants meurent d'un manque de messages affectifs, il n'en est encore jamais mort un seul de ce type d'*overdose* !

poseront à lui, d'oser être lui-même, capable de relations positives et fructueuses avec les autres et avec le monde.

Messages affectifs inconditionnels, dans les premiers temps de la vie, prononcés par les deux parents.

Et dont la pérennité doit être entretenue, bien qu'ils puissent « s'enrichir » de l'expérience « conditionnelle » à partir de 3 à 4 ans. Cela veut dire qu'il importe de dire des « Je t'aime », « Papa t'aime », « Maman t'aime », dès le plus jeune âge du petit* et d'introduire des messages conditionnels *« Maman sera très contente de toi, si... » « Papa sera très content de toi, quand tu... »* dès l'âge de 3 à 4 ans (en fonction du développement des facultés de compréhension du petit).

Les permissions

Il ne vous étonnera plus, à ce point d'avancement de votre lecture, de trouver dans cet essai de description des éléments positifs de scénario, les *permissions* dont l'importance **tout à fait primordiale** a été mise en évidence par l'AT.

J'en rappelle rapidement les énoncés :

---

* On sait aujourd'hui fort bien combien les caresses, les paroles affectives de la maman pendant la grossesse sont plus que souhaitables.

Bien qu'il s'agisse avant tout d'attitudes vis-à-vis de l'Enfant du petit, on comprendra aisément que cette description livresque fait appel à des formulations de type Parent Bienveillant, pour les besoins de cette explication.

« ***Existe*** », « Sois toi-même », « Tu peux prendre du pouvoir selon les circonstances », « Tu peux être assertif [1] »

« ***Ose agir*** », c'est OK d'être actif, de prendre des initiatives.

« ***Tu peux réussir ce que tu fais*** », ce que tu entreprends.

« ***Pense par toi-même*** », c'est OK de réfléchir par toi-même, d'avoir tes propres idées.

« ***C'est OK de t'aimer toi-même*** », physiquement, psychologiquement.

« ***Tu peux grandir*** », devenir une personne adulte, autonome, faire des erreurs, en dégager les apprentissages, apprendre sur toi-même et sur les autres.

« ***Tu peux prendre des décisions*** » par toi-même, reconsidérer ce que tes aînés t'ont dit.

« ***Tu peux être humain*** », c'est OK d'avoir des limites, de faire les choses à ta mesure.

« ***Tu peux aimer les autres*** », c'est OK de rencontrer les autres, de les apprécier, d'être intime, de se mettre parfois en retrait.

« ***Tu peux être différent des autres*** », tu peux te permettre de ne pas être conforme aux attentes des autres.

« ***Tu peux changer*** », corollaire de la permission de grandir, mais qui a, selon Crosman [2], intérêt à être énoncé séparément.

« ***Tu peux être gai, spontané*** », tu peux prendre les plaisirs de la vie.

« ***Tu peux être sain d'esprit*** », capable de raison.

Patt Crosman ajoute une dernière permission, qui est :

« ***Tu peux ouvrir ton être à une dimension supérieure*** », transcendante.

---

1. Voir *Oser être soi-même*, *op. cit.*
2. In *Transactional Analysis Journal*, janvier, 1978.

A l'État Parent

Ce sont les messages à proposer à la formation de l'État Parent qu'il est le plus facile de formaliser.

En accord avec de nombreux transactionnalistes, voici ce qui peut être considéré comme un véritable **Catalogue de valeurs essentielles** à proposer au Parent du petit d'homme :

« Le monde est un lieu plein de beauté, d'intelligence et d'amour. »

« La très grande majorité des humains regorgent d'énormes richesses potentielles.
« Une part importante d'entre eux, cependant, *choisit* — par méfiance à l'égard de leurs semblables — de n'utiliser leurs richesses personnelles qu'à leur seul profit — une attitude qui engendre des comportement assez égoïstes, égocentriques, critiques. »

« A l'origine de tout comportement, il y a une intention positive. »

« Les règles de fonctionnement de la société — lois, règles de politesse — sont nécessaires à une vie harmonieuse entre humains.
Ce sont notamment elles qui nous prémunissent des risques inhérents à notre animalité. »

« Tout être vivant **doit** être respecté (animal, insecte, être humain) quelle que soit sa race, sa nationalité, ses appartenances, ses affinités, sa pensée. »

« Les très grandes valeurs qui donnent à l'homme sa dignité et font de lui, quand il décide vraiment de les mettre en œuvre, un être supérieur, sont le respect de la dignité humaine, la justice, l'honnêteté, l'amour, la fidélité à ses engagements (ce qui induit la transparence). »

« Il existe une dimension supérieure chez l'homme que certains appellent "esprit", d'autres "âme", d'autres encore — dont je fais partie — préfèrent parler de l'Être profond en nous. »
Beaucoup d'humains croient, essentiellement à partir de leur Enfant Adapté, que cette âme est immortelle et qu'elle rejoint

Dieu après la mort. Beaucoup croient, toujours à partir de décisions prises avant que leur propre Adulte soit capable d'en apprécier la pertinence*, qu'il n'y a ni créateur, ni permanence de la seule entité qu'ils reconnaissent comme supérieur au Moi, l'esprit. On les appelle athées. Les premiers se regroupent très souvent au sein d'institutions, qui, depuis leurs créations — généralement très anciennes — présentent habituellement les aspects les plus rigides de la fonction Parent. Les églises et institutions religieuses sont en effet, la plupart du temps, des appareils de pouvoir cherchant à sur-adapter les États Enfant de millions d'humains. Enfin, un groupe assez important d'humains adoptent la déclaration selon laquelle les hommes ne peuvent pas répondre à ces questions. On les appelle agnostiques.

Et, pour ceux qui partagent mes convictions, il faut encore ajouter : « L'idéal chrétien, dans ses exigences les plus fondamentales, se trouve être — depuis 2000 ans — le *mythe directeur* le plus susceptible de proposer aux humains une (r ?)évolution la plus radicale qui soit vers le plein épanouissement individuel et collectif. Cet idéal a été fortement dévoyé par une institution religieuse dominante : l'Église catholique [1]. »

---

* Une décision, prise — pour le mieux — dans l'adolescence.

1. Voir *A la découverte de Soi*, op. cit.

7

DE LA SYMBIOSE À L'AUTONOMIE

Tout être humain, dans de bonnes conditions, organise sa relation avec la Réalité de manière à obtenir la satisfaction de ses principaux besoins.

Une personne « adéquate » — qui fonctionne bien — est celle qui organise cette recherche de satisfaction d'une manière efficace, c'est-à-dire au moindre coût énergétique physique et psychologique. C'est une caractéristique importante qui définit la ***personne autonome***.

Un assez grand nombre d'individus se caractérisent par un mauvais investissement de leur énergie.

Leurs comportements ***passifs*** et la ***méconnaissance*** (non-perception consciente) de ces comportements sont des manières d'établir ou de maintenir une ***symbiose***.

La symbiose « naturelle » ou saine

En venant au monde, le petit d'homme est incapable de subvenir à ses propres besoins.

En termes transactionnels, son Moi est entièrement constitué par son État Enfant.

Heureusement pour lui, il dispose dans la plupart des cas de parents qui subviennent à ses besoins par l'entremise de leurs propres États Parent. Quand on sait l'importance jouée par la mère dans le fait d'être la *première* personne nourricière du petit d'homme, on ne s'étonne pas que le schéma représentant cette situation *symbiotique* soit le suivant :

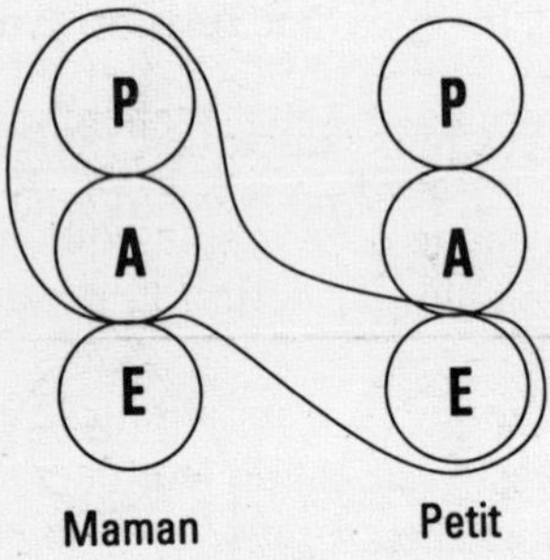

DÉFINITION DE LA SYMBIOSE

> La symbiose est la relation dans laquelle les États du Moi Parent-Adulte et Enfant de deux personnes se combinent de manière telle qu'il n'en résulte — de *fait* — qu'**une seule** personne entière.

Dans un développement heureux, le petit d'homme se dégage progressivement de cette relation symbiotique et *évolue* vers l'autonomie, en constituant ses propres Parents et Adulte.

Mais il n'existe pas que des développements heureux…

Des relations symbiotiques

C'est ainsi que l'AT a pu observer que bien des difficultés dans le développement des personnes les conduisaient à se comporter « comme si » elles souhaitaient recréer — parfois pour de courts moments (et dans ce cas, il ne s'agit pas de le considérer comme problématique) — mais aussi, assez souvent pour des périodes de vie plus ou moins longues, une relation symbiotique avec quelqu'un d'autre.

Les exemples les plus classiques, pour me faire comprendre, sont ceux du *couple symbiotique* ou celui de la relation *chef-subordonné*.

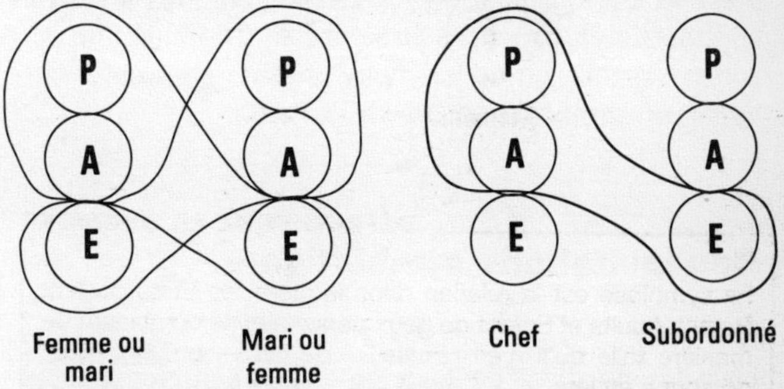

Dans le premier cas, on constate que c'est la femme (ou le mari) qui prend en charge la plupart des problèmes du ménage, le mari (ou la femme) se contentant de subir les événements.

Dans le second, seul le chef réfléchit et décide de ce que le subordonné n'a qu'à exécuter.

Mais la symbiose ne se manifeste pas qu'à travers des situations figées, comme dans ces exemples.

Beaucoup de personnes tentent aussi de s'installer dans une symbiose, occasionnellement.

> En se cassant le pied, Roland « s'offre » un certain temps (5 à 6 semaines, dans ce cas) de symbiose avec sa femme qui, grâce à cela, va le chouchouter d'une manière beaucoup plus importante qu'à l'habitude.

Rappelons que l'AT précise combien, pour la plupart des gens, la demande de *relation authentique* est difficile.

Les *jeux négatifs* et la *relation symbiotique* prennent alors, souvent le relais.

Il est aisé de comprendre les bénéfices de la relation symbiotique : sensation de sécurité, possibilité de ne pas devoir prendre de décision, le fait que ce soit l'autre (B) qui prenne l'action en mains (à la place de l'un, A). Il est tout aussi aisé de comprendre qu'elle engendre de nombreuses insatisfactions : pour B, la sensation d'être tenu de faire les choses, de devoir prendre les décisions à la place de A ; ou, pour A, les effets contraires à ceux-ci (insatisfaction de ne pas être considéré comme une personne capable, de ne pas pouvoir gérer sa propre existence, ses propres problèmes).

Des invitations symbiotiques

Dans les situations de la vie où — non consciemment — les personnes en présence « essaient » d'obtenir une relation symbiotique, elles le font selon :

4 façons d'émettre des invitations symbiotiques

1. L'Enfant de la personne A adresse une demande implicite au Parent de la personne B. Si le Parent répond à ce que l'Enfant *voulait* au lieu de répondre *à ce qu'il dit*, la symbiose est établie.

→ EXEMPLES :

E(A) : « *N'as-tu pas un crayon de trop ?*
P(B) : — *Tiens, prend celui-ci.* »

E(A) : « *Quelqu'un a-t-il une allumette ?*
P(B) : — *Voilà.* »

E(A) : « *J'ai soif.*
P(B) : — *Tiens, prends ce verre.* »

2. L'Enfant de la personne A pose un problème et le Parent de la personne B offre une solution, sans qu'il y ait explicitement demande d'aide, la symbiose est établie.

→ EXEMPLES :

E(A) : « *Ma voiture est en panne.*
P(B) : — *Attends, je vais te conduire.* »

E(A) : « *Ma poupée est cassée.*
P(B) : — *Ce n'est pas grave, demain nous irons en acheter une autre.* »

3. Le Parent de la personne A cherche à provoquer un comportement chez la personne B, sans le « demander » vraiment. Si l'Enfant de la personne B le fait — ou même « répond » à cette invitation —, la symbiose est établie.

→ EXEMPLES :

P(A) : « *Pourquoi ne vas-tu pas mettre le bureau en ordre ?*
E(B) : — *J'y vais.* »

4. Le Parent de la personne A indique seulement que

quelque chose ne va pas, invitant l'Enfant de la personne B à trouver « ce qu'il faut faire », établissant ainsi une symbiose.

→ EXEMPLES :

P(A) : *« Le bureau est en désordre.*
E(B) : *— Je vais le ranger. »*

P(A) : *« Vous ne portiez pas votre uniforme.*
E(B) : *— Oh, je ne savais pas, ça ne se produira plus. »*

Les personnes qui « invitent » et celles qui « se laissent entraîner » dans des invitations symbiotiques « collent » souvent beaucoup de *timbres psychologiques*.

Ce sont souvent elles qui « débouchent » plus tard sur des jeux négatifs se terminant fort mal.

→ EXEMPLES :

« Je dois toujours deviner ce que tu veux, j'en ai marre ! »
« Avec vous, Durant, on ne sait jamais à quoi s'en tenir ! »

Faire face aux invitations symbiotiques

On peut **répondre simplement à la question**.

Pour les exemples ci-dessus :

1.

« Oui » ou *« Non »* selon le cas
« Merci pour l'information »

2.

« Ah oui »
« Merci pour l'information »

et comme les invitations symbiotiques sont tellement courantes dans notre société, il est recommandé, en guise de réponse, de poser la question :

1 à 4 :

« Et que veux-tu ? », « Que me demandez-vous exactement ? »

On peut aussi *confronter* la personne avec son Enfant, son Adulte et un ton Parent Bienveillant bien présent :

1 à 4 :

« J'ai l'impression que tu voudrais me demander quelque chose.

« Sais-tu que, comme tu dis les choses, tu me demandes de deviner ce que tu attends de moi ? »

Comme déjà mentionné plus haut, ce que l'AT appelle *la passivité* et *les méconnaissances* sont des moyens non conscients pour établir ou maintenir des symbioses avec les autres. Ces processus ont été décrits dans *L'Analyse Transactionnelle* (MS 3516).

L'autonomie

La capacité d'*autonomie* est l'une des trois caractéristiques de la personne épanouie, pour Berne — avec la capacité de *conscience* et de *spontanéité*. Ce sont les trois objectifs assignés à la pratique de la psychothérapie transactionnelle.

La personne autonome a un haut degré de conscience, au travers de sa pensée et de ses actes, des limites physiques, psychologiques de sa personne. Une autre façon de dire cela, c'est dire que : la personne autonome *sait* très bien où elle commence et où elle finit, sur les plans physiques et psychologiques.

La personne autonome est consciente de ses pouvoirs

L'illusion manipulatrice la plus tenace — l'une de celles que les personnes prenant en charge leur évolution personnelle abandonnent souvent le plus difficilement — est « inventée » par l'Enfant manipulateur des hommes, et consiste à croire qu'un être humain peut faire se sentir bien ou mal un autre. C'est une illusion très répandue dans le monde. Elle permet notamment d'entretenir les rapports de force dominant-dominé auxquels les hommes tiennent tant.

Et surtout, elle permet effectivement à l'homme qui y adhère — encore un nombre très important d'hommes et de femmes — de ne pas assumer la pleine responsabilité de ses actes, de croire que si la vie est difficile, *« C'est forcément la faute à l'autre, à Voltaire, à Dieu, au diable, à la disposition astrale de sa naissance, au hasard, à "Y a pas de chance" ».*

Bien sûr, il existe des situations historiques ou occasionnelles où cette « croyance » devient réalité : les temps de guerre, les agressions violentes armées. En dehors de ces situations,

> **L'idée du pouvoir d'une personne sur le ressenti d'une autre est un mythe très limitateur,** mais qui a la vie dure…

C'est une illusion qui ne trompe pas la personne autonome qui sait, par expérience, que si quelqu'un « fait » des choses généralement considérées comme « contraignantes » (menaces psychologiques de colère, de vengeance, de chantage, d'abandon), c'est toujours l'autre qui « décide » dans quelle mesure il (ou elle) va « accepter », va « marcher ».

> **La personne autonome sait bien que c'est finalement en chacun que réside le vrai pouvoir d'accepter, de refuser les tentatives manipulatrices d'intimidation.**

Que c'est elle qui est aux commandes de ce qui va se passer après ces menaces.

Que — littéralement — dans les faits, ce ***pouvoir***, c'est bien en elle qu'il se trouve.

Cette conscience s'exprime surtout d'une façon que le siècle perçoit encore avec une certaine difficulté :

> **La personne autonome sait** (mieux que les autres) **qu'elle est, finalement, responsable de ce qu'elle ressent, de ce qu'elle pense, de ses réactions, de ses actes, de comment elle vit.**

Atteindre cette noble attitude demande à beaucoup un temps relativement long de travail sur soi-même et passe par le renoncement à la tentation symbiotique de rendre les autres, la nature, le hasard, les astres ou Dieu entièrement responsables de ce qui nous arrive.

La personnalité de la personne autonome se caractérise enfin par le fait qu'elle est construite à partir :

> **— des éléments apportés et proposés par son entourage ÉLÉMENTS QUE LA PERSONNE AUTONOME ANALYSE PAR ELLE-MÊME et TRIE ;**
> **— d'une recherche personnelle sur sa VÉRITABLE RÉALITÉ PROFONDE.**

Des difficultés d'autonomie dues au système éducatif dominant en Occident

La volonté d'éduquer — réellement — un petit d'homme vers l'autonomie, la pleine conscience et la spontanéité est un fait relativement rare. Certes, au niveau des déclarations d'intention…

La recherche symbiotique (bien sûr inconsciente) est tellement répandue qu'il n'est pas exagéré d'en déduire, comme le font de très nombreux transactionnalistes, que le couple type que l'on rencontre le plus en Occident (Europe, États-Unis & Canada) puisse finalement être représenté par le schéma ci-dessous.

On y constatera la quasi-absence de certains États (ou sous-États) du Moi. De même en ce qui concerne les transactions.

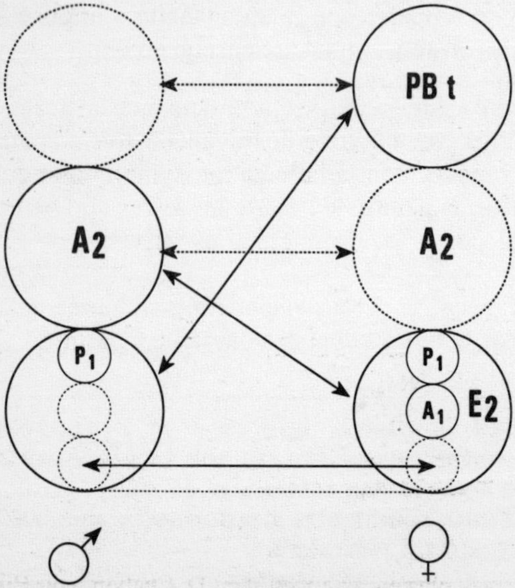

(D'après un séminaire de Salomon Nasielski.)

TEST DE POSITION DE VIE*

Les tests sont devenus tellement fréquents qu'il est inutile de rappeler que la spontanéité s'impose si vous souhaitez en retirer quelque enseignement.

* D'après plusieurs sources, dont D. Chalvin, voir Bibliographie.

Consigne n° 1

Répartissez une note (de 1 à 10), selon votre degré d'acceptation, entre les 4 affirmations des catégories ci-dessous (le total doit faire 10) :

Il est important de...	***note***
1. Diriger sa vie et celle de ses proches (famille, travail)	
A. Justifier ce qu'on fait, se défendre, critiquer et savoir se protéger.	
B. Contrôler ce que font les autres, savoir faire pression sur eux.	
C. Faire les choses à la place de ceux qui ne sont pas en mesure de les mener à bien par eux-mêmes.	
D. Échanger les choses que l'on connaît et chercher ensemble la solution des problèmes qui se posent.	
	TOTAL = 10
2. Réagir aux problèmes de la vie	
A. S'arranger pour éviter le plus possible les problèmes.	
B. Analyser une situation et chercher avec les autres la solution des problèmes.	
C. Arriver à convaincre les autres d'adopter mes solutions.	
D. Arriver à satisfaire le plus de gens possible.	
3. Tenir compte des règles	
A. Considérer que les règles sont les règles, c'est tout.	
B. Faire observer les règles par les autres.	
C. Considérer les règles comme lignes de conduite, sans en être prisonniers.	
D. Se forcer à suivre les règles.	

4. Façon de réagir aux conflits

A. Considérer la possibilité d'évolution que permettent les conflits.
B. Savoir que les conflits nuisent aux relations.
C. Ne pas vouloir tout arranger, mais s'en sortir soi-même.
D. Savoir qu'on ne peut rien faire qu'en attendre la fin.

5. Façon de réagir à la colère

A. Ne pas affronter la colère des autres.
B. Se méfier de la colère des autres.
C. Proposer une bonne confrontation avec l'autre.
D. Considérer négativement les gens qui expriment leur colère.

6. Face aux autorités

A. Ne pas se laisser faire et chercher les faiblesses de l'autorité.
B. S'y soumettre en cherchant à ne pas se faire mal voir.
C. Considérer que chacun a sa place, c'est tout.
D. Tout peut se discuter, dans une bonne négociation.

7. Attitude vis-à-vis de l'humour

A. Accepter que l'on puisse de temps en temps rire à mes dépens.
B. Permettre l'ironie désabusée.
C. Trouver le mot qui libère et détend.
D. Ne pas rater l'occasion d'ironiser (même caustiquement).

8. Conception des rapports avec les autres

A. Obtenir des autres qu'ils fassent ce que je veux.
B. Aller de l'avant avec les autres.
C. Tout faire pour ne pas avoir d'ennuis.
D. Une conception des rapports ? Ça ne sert pas à grand chose.

Consigne nº 2

Reportez vos réponses dans le tableau et faites les additions par colonnes.

1. Diriger ma vie	D :	B :	C :	A :
2. Problèmes de la vie	B :	C :	D :	A :
3. Règles	C :	B :	D :	A :
4. Conflits	A :	C :	B :	D :
5. Face à la colère	C :	D :	A :	B :
6. Autorités	D :	A :	B :	C :
7. Humour	C :	D :	A :	B :
8. Rapports avec les autres	B :	A :	C :	D :
Totaux par colonne				
A reporter sur axes	**1**	**2**	**3**	**4**

Consigne n° 3

Reportez les totaux par colonne sur les 4 axes 1-2-3-4 et marquez-les.

Rejoignez les marques entre elles.

La figure obtenue donne une indication relative de votre portrait psychologique selon l'AT.

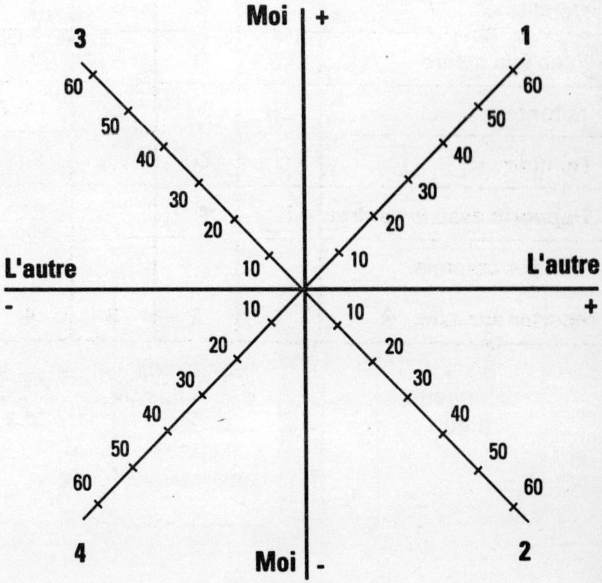

- -
Il s'est beaucoup plaint
- +
Malgré ses capacités, il s'est toujours sous-estimé

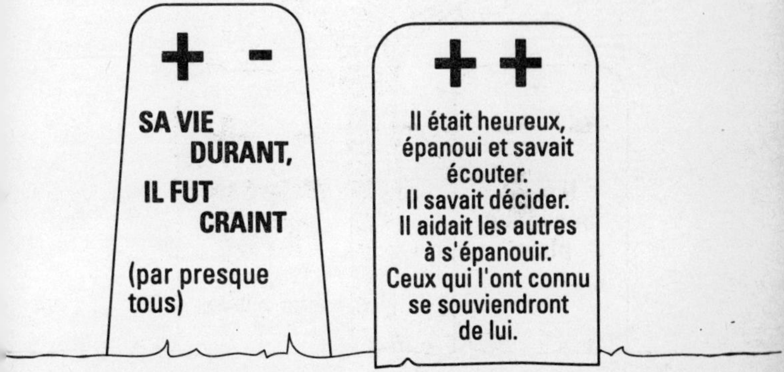
+ -
SA VIE
DURANT,
IL FUT
CRAINT
(par presque
tous)
+ +
Il était heureux,
épanoui et savait
écouter.
Il savait décider.
Il aidait les autres
à s'épanouir.
Ceux qui l'ont connu
se souviendront
de lui.

II

Les états du moi

Parlez-moi d'amour

Les dernières étapes

Et quelques rubriques encore...

Pour éviter les redites par rapport à *L'Analyse Transactionnelle* (Marabout nº 3516), je vous propose davantage, dans la deuxième partie de cet ouvrage, des développements relatifs à des réalités souvent abordées d'une manière plus fondamentalement *descriptive* dans le premier volume. Ces développements s'apparentent à des *rubriques*, signalées par ➡.

Le « Eureka » de Éric Berne

Rappeler comment un « découvreur » a opéré sa découverte est toujours une chose qui « touche » davantage certains esprits.

C'est pourquoi il me plaît souvent de rappeler que Éric Berne était, notamment, psychothérapeute. C'est-à-dire qu'il recevait des personnes qui venaient le consulter, pour évoluer, pour dépasser quelque difficulté — que celle-ci soit passagère ou installée de longue date. La clientèle d'Éric Berne, qui habitait vers les années '50 près de San Francisco, était des plus éclectiques. C'est ainsi que, parmi ses clients masculins, Berne comptait un avocat célèbre de la métropole californienne.

Et c'est au cours d'une séance (qui n'était pas dans les premières) que ce monsieur S. posa **« la »** question qui provoqua dans le cerveau de Berne (dans son Petit Professeur, ou Enfant Intuitif) *le déclic* qui allait lui permettre d'édifier le premier outil de l'AT : les États du Moi.

Dans les séances précédentes, Monsieur S. avait, plus d'une fois, fait allusion à des moments de son enfance, qui l'*« habitaient »* encore souvent aujourd'hui : des moments où Monsieur S., alors petit garçon, s'habillait en *« cow-boy »*.

C'est ainsi qu'un certain jour, à une question posée par Éric Berne, Monsieur S. répondit :

> *« Mais, Monsieur Berne, à qui s'adresse cette question ? Au petit cow-boy ou au grand avocat ? »*

Ce fut le déclencheur, le *« Eureka »* à partir duquel Berne — qui, rappelons-le, cherchait à rendre les interventions psychothérapeutiques plus efficaces — comprit qu'une personne adulte pouvait *« contenir »* dans son psychisme, bien plus que des souvenirs d'enfance « engrangés » dans sa mémoire, mais que certains sentiments et émotions de l'enfance pouvaient être réactivés chez une personne adulte, par ailleurs capable de « fonctionner » dans la vie sociale avec beaucoup de culture et d'intelligence.

Et que même, assez souvent — comme dans le cas de M.S., c'était cette partie *« archaïque »* de la personnalité qui prenait le dessus, sur les qualités intellectuelles, quand bien même cela s'avérait inadéquat.

Les notions d'Adulte et Enfant n'allaient pas tarder à naître…

8

À PROPOS DES ÉTATS DU MOI

Il est une question relative à l'importance des États du Moi à laquelle (sans doute) tous les transactionnalistes du monde se trouvent un jour confrontés :

> « Existe-t-il des personnes qui soient *uniquement* Parent, uniquement Adulte ou uniquement Enfant ? »

La réponse est qu'en réalité, cela est plutôt rare.

Ou, plus exactement, les personnes qui seraient uniquement dans un seul État du Moi se retrouvent, le plus souvent, dans des institutions psychiatriques.

Attention ! Comme il nous arrive à tous — bien normalement — de trouver des autres non-OK, il s'agit souvent de moments où, par contamination momentanée, nous pourrions être tentés de croire qu'il en est ainsi de nos semblables.

Si donc il est pertinent de dire que la très grande majorité des humains connaissent rarement la situation de personne entièrement enfermée dans un seul État du Moi, on peut par contre, observer que beaucoup de nos contemporains ont tendance à hautement privilégier un État (ou un sous-État) du Moi par rapport à un autre. Et les caractéristiques de ces observations-là présentent un certain intérêt.

Avant de dresser la liste des caractéristiques des personnes qui *fonctionnent* beaucoup à partir d'un sous-État de leur Moi, je tiens à préciser que ces informations seraient surtout utiles à ces gens-là !

Un petit rappel avant de vous proposer ces éléments : Il ne faut jamais oublier que les États (et sous-États) du Moi sont *structurels* (c'est-à-dire qu'ils *constituent* la base, la structure du Moi d'une personne), d'une part, et *fonctionnels* (c'est-à-dire qu'ils *servent* à quelque chose), qu'ils sont utiles à la personne dans ses relations avec la réalité, d'autre part :

• **soit pour un rapport de la personne avec elle-même** ; par exemple, mon État Adulte consulte mon État Parent et mon État Enfant, avant de prendre une décision :

> *« Au moment d'acheter un véhicule nouveau, mon Enfant a envie d'opter pour une voiture* ***rouge****, mais mon Parent m'envoie le message : "Une voiture rouge, ça ne fait pas sérieux ! On te prendrait pour un 'fantaisiste' !" Je les convoque tous deux au tribunal de mon Adulte qui examine le dossier, qui fait comparaître mon Parent et mon Enfant, qui se retire un moment pour examiner les requêtes présentées par chacune des deux parties, puis qui fait connaître sa délibération : "Attendu que les considérations présentées par l'État Parent sont jugées comme étant des normes non appropriées aux circonstances présentes ; attendu qu'une analyse existe des avantages que représente la couleur rouge du point de vue de la sécurité routière ; attendu que la requête présentée par l'État Enfant est jugée recevable, le Tribunal Adulte conclut qu'il est judicieux d'acheter un véhicule rouge !"*
> *Voilà ! Dans la réalité, cela m'a pris deux minutes. »*

• Soit — et surtout — dans nos rapport avec les autres.

On sait déjà que la personne autonome est, selon l'AT, *consciente* du fonctionnement de ses États du Moi, notamment dans son rapport avec les autres.

On ne l'entendra donc presque jamais s'excuser en disant :

> « Oh ! Cela m'est sorti sans que je m'en rende compte. »

La personne autonome *se rend bien compte* de ce qu'elle *pense*, de ce qu'elle *dit*, de ce qu'elle *fait*.

Il est psychologiquement exact d'affirmer que la grande majorité des gens ne « choisissent » pas fort consciemment d'agir ou de s'exprimer à partir d'un État du Moi ou l'autre, mais qu'elles le font plutôt à partir des *automatismes* inscrits dans leur scénario.

C'est pourquoi il est correct d'affirmer que les humains peuvent *souvent être* — (c'est-à-dire qu'ils *fonctionnent*) dans un État (ou sous-) du Moi, mais qu'il s'agirait d'une erreur sémantique (*de sens*, dans le langage) que de dire qu'ils y sont toujours, puisque la très grande majorité des humains est capable d'évolution, capable de croître en conscience de ses paroles et de ses actes.

Les personnes qui sont souvent dans leur Parent Normatif

Elles se caractérisent notamment par :

— leur volonté de domination des réalités qui les entourent (autant les choses — qu'elles cherchent généralement à acquérir, même quand la jouissance en est libre — que les gens, qu'elles cherchent aussi à traiter en propriétaires), ce qui les entraîne facilement à être Persécuteur ;

— l'importance donnée prioritairement à leurs systèmes de valeurs, plutôt qu'à l'analyse de l'Adulte.

Par exemple, elles agissent comme si l'une des choses essentielles dans la vie consistait à se constituer des opinions, des jugements les plus définitifs possibles, à propos de tout, à propos de tous.

Leurs paroles sont pleines de « Il faut toujours », « On ne peut jamais », « Les X sont biens », « Les Y ne valent pas grand-chose » ;

— leur méfiance vis-à-vis des sentiments, et des gens qui leur accordent, selon elles, trop d'importance ;

— leur participation fréquente à des jeux négatifs tels que : « Cette fois je te tiens, salaud », « Défauts », « Gendarmes et voleurs », « Coincé », « Tribunal », « Surmené », « Viol », « Battez-vous », « (Tu es) Stupide », « La scène », « Sans toi »* ;

* Pour plus de précisions sur le développement des principaux jeux, voir *L'Analyse Transactionnelle* (Marabout n° 3516), p. 110.

— leur slogan le plus fréquent est généralement : *« Faites ce que je dis et les choses iront bien. »*

A la noce de Frédérique et Olivier, Ferdinand tient le crachoir : « Ah ! Les choses ne sont plus comme dans le temps ! Regardez les politiques, tous des pourris ! Et les jeunes ? Plus un seul qui veuille travailler ! Et tous ces étrangers !!! Dans les rues, on n'est même plus tranquilles ! Je vous le dis : On n'est plus chez soi ! Il faudrait tous les renvoyer chez eux ! Regardez ces problèmes de drogue, de crimes... Moi, comme je le dis toujours : Ce qu'il faudrait, c'est une bonne guerre !!! »

Au Salon de l'Auto :
« Dites-moi un peu, vendeur ! Cette voiture est-elle solide ?? Pour moi, une voiture, ça doit tenir 10 ans ! J'espère aussi qu'elle consomme peu ! Et puis, dites-moi encore : Qui roule avec ce type de véhicule ? »

Les personnes qui sont souvent dans leur Parent Bienveillant

Elles se caractérisent par :

— leur tendance à « deviner » les besoins des autres pour leur être agréables ;

— leur tendance à « prendre en charge » les besognes, les problèmes des autres, ce qui les rend souvent Sauveteur ;

— l'importance donnée aux questions de sentiments, par rapport à la pensée, au « bien-être à tout prix » par rapport aux rigueurs de l'apprentissage ;

— leur participation fréquente aux jeux négatifs « C'est affreux », « (J'ai des) Défauts », « (Je me laisse) Coincé », « Tribunal », « Surmené », « Sans toi », « J'essaie seulement de vous aider», «Oui, mais», «(Je suis) Stupide», «Viol»;

— leur slogan le plus fréquent est généralement : *« Si les gens étaient plus gentils entre eux, tout irait tellement mieux ! »*

> A la noce de Frédérique et Olivier, Bernadette — qui est pourtant une tante relativement éloignée — s'emploie à «faire le service»; elle s'approche des gens en leur demandant tout d'abord s'ils se sentent bien, si rien ne leur manque. Bien que les parents des mariés aient engagé des serveurs pour l'exceptionnelle journée, on voit Bernadette portant des plateaux de biscuits salés pendant l'apéritif, se précipitant pour aider les retardataires à ôter leur manteau et le porter aux vestiaires...
> Quand elle entend les propos de l'oncle Ferdinand, elle confie à sa voisine : *«Comme il est dur! Je crois que les choses s'arrangeraient mieux, dans le pays, si l'on avait plus de douceur, s'il y avait plus de femmes au pouvoir...»*
>
> ***Au Salon de l'Auto:***
> *«Monsieur... excusez-moi, quand vous aurez une petite minute... pourrez-vous me dire si on est bien dans cette voiture... La même version existe-t-elle avec des fauteuils en cuir?? Et quelle est la gamme de coloris...?»*

Les personnes qui sont souvent dans leur Adulte

Elles se caractérisent par :

— le fait de privilégier la pensée, la réflexion logique, quand bien même elles se trouvent dans une situation où il serait plus adéquat de réagir aux autres, à ce qui se passe, de laisser exprimer leurs émotions;

— en corollaire, elles ne sont pas très à l'aise avec leurs

propres mondes affectif et émotionnel, ni avec ceux qui privilégient ces dimensions de l'existence ;

— leur recherche de situations dans lesquelles elles vont pouvoir démontrer leur supériorité intellectuelle ou l'étendue de leur culture, qui est souvent très aiguë ;

— la participation fréquente aux jeux négatifs « Défauts », « Cette fois je te tiens, salaud », « Tribunal », « Viol intellectuel », « (tu es) Coincé », « Surmené », « La scène », « (Tu es) Stupide » ;

— leur slogan le plus fréquent est : *« Si les gens prenaient la peine de réfléchir davantage, le monde irait mieux. »*

> A la noce, Bertrand réagit aux propos de l'oncle Ferdinand en lançant à son voisin :
> *« Et vous, cher cousin, que pensez-vous de la situation ? Pour ma part, poursuit-il sans attendre la réponse de son cousin, il m'apparaît comme évident que l'on ne tient pas suffisamment en considération les clignotants que nous indiquent les analyses de conjoncture ! Savez-vous par exemple, que les statistiques concernant l'indice CAC40 ne sont fournies au ministère de l'Économie et des Finances que... Tout ça, parce que les responsables de l'équipement informatique ont opté pour un système déjà obsolète bien avant que d'être en place... etc. etc. »*
> Plus tard, dans la soirée, alors que la mariée est venue inviter son cousin Bertrand à danser, celui-ci décline l'invitation pour poursuivre avec sa voisine Nicole, une discussion sur les qualités, et surtout les défauts de la version '93 de « Germinal » :
> *« Oui, Nicole, ça t'a plu. Mais ne penses-tu pas que sur le plan sociologique, le réalisateur ait quelque peu forcé la caricature ? Par ailleurs, et par rapport à l'œuvre romanesque de référence, ne penses-tu pas qu'il manque, disons, un "souffle épique", que semblait contenir le roman de Zola, mais qui fait cruellement défaut dans le film de Berry... Quant à Renaud, il ne détient absolument pas la maîtrise de son rôle et ferait beaucoup mieux de s'en retourner à ses chansonnettes ! »*

> ***Au Salon de l'Auto :***
> Bertrand s'en tient à vérifier, check-list en mains, si les renseignements recueillis dans les 5 revues spécialisées qu'il a consultées sont bien exactes.

Les personnes qui sont souvent dans leur Enfant Adapté

Elles se caractérisent soit par :

• Leur tendance à vivre la vie en **soumis** — ce qui les portent à rechercher des personnes et des situations où elles seront dirigées ;

— ce qui entraîne des attitudes critiques et gémissantes vis-à-vis de la vie (à se comporter en victime des autres et de la vie, de Dieu, des astres, etc.) ;

— une propension à ne pas agir *(Ça ne sert tout de même à rien !)* ;

— une propension à ne pas beaucoup réfléchir *(les autres n'ont qu'à le faire)* ;

— une participation fréquente aux jeux négatifs « C'est affreux », « Pauvre de moi », « Jambe de bois », « Coincé », « Donnez-moi des coups de pieds », « Gaffeur (Schlemiel) », « Tribunal », « La scène », « Regarde ce que tu me fais faire » ;

— leur slogan préférentiel est : *« Qu'on laisse les gens tranquillement dans leur coin, et ça ira bien. »*

> A la noce, Étienne se tient assez bien à l'écart des conversations. Quand sa voisine lui demande ce qu'il pense de la déclaration fracassante de l'oncle Ferdinand, il répond avec une voix timide : *« Oh, vous savez, moi... Toutes ces dis-*

cussions... La politique, c'est bien trop compliqué pour moi... Je n'ai pas fait d'études... Mais, ce qui est bien malheureux, c'est que ce sont toujours les petits qui sont les dindons de la farce...

Dans la soirée, Étienne retrouve une place à l'écart où il discute un peu avec Bernadette qui est venue prendre de ses nouvelles. Comme c'est elle qui pose surtout les questions, Étienne se contente de répondre par des phrases brèves : *« Oui... non... moi, du moment qu'on ne m'ennuie pas... »*

Au Salon de l'Auto :

« Eee... excusez-moi de vous déranger, Monsieur... J'aimerais vous poser une toute petite question... Voilà : Est-ce que ce modèle existe dans une couleur... moins... eeee... vous voyez ce que je veux dire ? Plus classique... moins voyante, c'est ça ! ! ! ! »

• Soit par leur tendance à vivre **en rebelle** — ce qui les porte à rechercher des personnes et des situations de soumission où elles pourront s'opposer ;

— une propension à chercher les stimulations qui provoquent des réactions fortes ;

— une propension à ne pas trop réfléchir (elles pourraient alors penser qu'on les considérerait comme « rentrées dans les rangs ») ;

— une propension à vivre éloignées de leur personnalité réelle et profonde ;

— une participation aux jeux négatifs « C'est affreux », « Défauts », « Gendarmes et voleurs », « (Tu es) Coincé », « Tribunal », « Viol », « Donne-moi des coups de pied », « Gaffeur (Schlemiel) », « Battez-vous », « La scène », « Cette fois je te tiens, salaud » ;

— leur slogan préférentiel est *« Que les gens bougent davantage, et la vie sera un peu plus excitante, non ? »*

A la noce, Laurent réagit violemment à la déclaration de l'oncle Ferdinand. Il prend sa voisine Mireille à témoin : *« Complètement facho, le vieux Ferdinand ! Quel con ! Le*

seul point où il a raison, c'est que c'est vrai : tous des pourris ! La seule solution : quelques bons coups de mitraillettes, là-dedans... Et puis, l'autre, le vieux con pourri : c'est le roi des réac'... !
Dans la soirée, lorsque des gens se mettent à danser, la piste est un peu trop étroite pour les ébats de Laurent, très porté à chercher des complices pour aller terminer la nuit... « Où » ?, *« Ailleurs, là où il y aurait moins de vieux schnoques ! »*

Laurent ne va pas au Salon de l'auto, il n'achète qu'en occasion *« de vieilles bagnoles qui ont encore quelque chose dans le ventre... »* de couleurs vives, si possible, et munies de baffles d'au moins 50 watts !

Les personnes qui sont souvent dans leur Enfant Libre

Elles se caractérisent par :

— le fait d'avoir des difficultés à être prises en considération par les autres ;

— le fait de vouloir s'amuser de tout et de rien, de chercher des « combines » personnelles pour « goupiller » les choses ;

— le fait de donner beaucoup plus d'importance aux émotions qu'à la réflexion ;

— participent fréquemment aux jeux négatifs « C'est affreux », « Tribunal », « Donne-moi des coups de pied », « Stupide » ;

— leur slogan préférentiel est : *« Qu'on laisse donc les gens s'amuser comme ils en ont envie ! »*

A la noce, Dominique s'amuse bien, on l'entend beaucoup rire. Même le discours de l'oncle Ferdinand ne provoque

chez elle qu'un : *« Bah ! C'est un brav' vieux, l'oncle Ferdinand, et puis, ses bêtises, il vaut mieux en rire, pas vrai ? Ah ah ah ! »*
Le soir, Dominique est de toutes les danses. Ses éclats de rire sont à leur comble lorsque Roland commence à raconter ses histoires drôles.

Au Salon de l'Auto :
Dominique s'amuse. *« Je vois déjà la tête des copains, quand ils me verront arriver avec ce modèle tout à fait marrant. Et vous dites que le modèle rouge est disponible ? Je signe où ? Ah ah ah »*

Les personnes qui sont souvent dans un seul ou deux États du Moi sont généralement peu conscientes — et pour cause ! — de la mesure dans laquelle elles s'*amputent*, se *privent* vis-à-vis d'une ou de plusieurs dimensions de l'existence.

Les personnes qui sont souvent dans leurs 3 États du Moi

Elles se caractérisent par :

— la pertinence avec laquelle elles se trouvent dans l'un des 3 États, ainsi que la flexibilité avec laquelle elles passent de l'un à l'autre ;

— leur tendance à rencontrer les autres davantage en ce qu'ils ont d'original plutôt que ce qu'ils peuvent présenter de banal ou normal ;

— leur capacité à réagir aux problèmes en mobilisant leurs énergies, et en étant poussé à inviter les autres à en faire de même, vers la recherche de solutions, plutôt que vers celle des « coupables » ;

— leur capacité à faire preuve d'empathie, de disponibilité et de bienveillance dans l'aide qu'elles proposent aux autres, lorsque ces derniers éprouvent des difficultés ;

— la rigueur de leurs engagements (on sait qu'on peut se fier à elles) ;

— leur tendance à s'informer sur la plupart des aspects de la vie ;

— leur capacité à exprimer leurs émotions avec spontanéité et simplicité (ce qui les rend crédibles et transparentes) ;

— leur degré élevé de conscience et d'autonomie ;

— leur capacité à « sentir » les « invitations » à entrer dans des jeux négatifs et à les écarter sans en offenser l'initiateur ;

— leur slogan préférentiel est : *« Faisons la vie belle, ensemble ! »*

> A la noce, Françoise s'amuse bien. Elle est visiblement heureuse de rencontrer les membres de sa famille, à cette occasion.
> Elle échange beaucoup d'informations avec tout le monde, fait preuve de patience avec les vieux, rit beaucoup avec les jeunes, joue avec les enfants. Les propos de l'oncle Ferdinand n'amènent chez elle qu'une seule réponse : *« Bah ! L'oncle Ferdinand ! C'est un peu normal, après tout ce que la vie lui en a fait voir... »*
>
> ***Au Salon de l'Auto :***
> Françoise pose au vendeur du stand où elle a vu un véhicule qui lui plaisait des questions judicieuses sur la sécurité, la consommation et le confort du véhicule, le Service Après-Vente et les garanties.

→ A propos du Parent

« Le Parent est à la fois une réalité biologique et le véhicule de règles et de traditions le plus souvent bénéfiques pour la survie et l'amélioration de l'humanité » (S. Samuels, *Parent Ego State*, AAT, Vol 22).

Grâce aux activités qu'il peut assumer en régime « de routine », l'homme peut investir son Adulte à des tâches plus importantes. Parfois ressenti comme un « mal-aimé », parmi les États du Moi, parce que perçu comme responsable de l'*écrasement* des autres États — ce qui est encore trop souvent une réalité chez bon nombre de plus de 45 ans ! —, il est aussi permis d'éprouver et de manifester vis-à-vis de cette importante « partie » de l'être psychique des humains, le même type de tendresse que celui qu'on éprouve et qu'on manifeste à l'égard de nos aînés : ils ont été présents dans nos vies, ils ont souvent joué leur rôle avec les meilleures intentions qui soient.

De la même manière, l'État Parent a été, des siècles durant, un garant de la survie, de la mémoire collective emmagasinant dans cette petite partie de notre psychisme des garde-fous pour la collectivité, des recettes, des modes d'emploi de la vie en société.

L'État Parent pourrait-il disparaître dans les générations futures ? D'aucuns le souhaitent.

Moi, je pense que l'humanité dans son ensemble n'est pas encore à la veille de pouvoir se passer de lui.

Il existe, et à mon sens pour longtemps encore, de bonnes raisons pour conserver sa pérennité, tant sa fonction d'économie énergétique — physique et psychique — se maintient. Pour ne pas avoir à « inventer » chaque pensée, chaque parole, chaque comportement… Ce qui me paraît demeurer une chose positive pour l'écologie de chaque individu, pour l'écologie de l'espèce.

A propos de l'État Parent, il me paraît important de souligner une chose qui n'est souvent pas très claire, et ce dans l'esprit de beaucoup de gens : **C'est OK d'avoir *dans sa tête*** (et uniquement dans sa tête) **toutes sortes de fantasmes : fantasmes de violence, tels que désirs, souhaits d'étranglements, de massacres de tas de gens** (sa belle-mère, son patron, son rival, ceux qui ne sont, qui ne pensent pas comme moi) ; **fantasmes sexuels, tels que :** vouloir faire l'amour (ou ne faire que « prendre » sexuellement) avec toutes sortes de gens.

Le fait d'avoir ces fantasmes est tout ce qu'il y a de plus normal ! L'important — et c'est ce qui, notamment, fait l'énorme progrès de nos civilisations —, c'est d'avoir dans notre Parent les normes :

— **« On ne peut porter atteinte à aucun être vivant »** pour ce qui concerne les fantasmes d'agression violente.

Et aussi :
— **« Il ne faut porter atteinte à aucun objet inanimé »** — seule exception acceptable : des objets faits dans cette intention et que J'AI ACHETÉ et PAYÉ.

Pour les fantasmes sexuels, la norme saine est :
— **Tous les fantasmes peuvent être vécus, à condition de se pratiquer entre personnes qui partagent *sincèrement* les mêmes désirs.**

Je pense sincèrement qu'il est **normal** d'avoir toutes sortes de fantasmes dans la tête. C'est une information des plus rassurantes, des plus équilibrantes.

→ *A propos de l'Adulte*

D'après les réactions concernant la description de l'État Adulte dans mon premier ouvrage sur l'Analyse Transactionnelle, il me semble utile de proposer quelques précisions. Notamment, pour éviter quelques confusions entre ce qu'est une personne instruite, cultivée, une personne intelligente et une personne raisonnable.

Tout d'abord — et Berne le dit dès sa première édition de *Psychiatrie et psychanalyse à la portée de tous* [1] — l'Adulte (et dans ce premier ouvrage, Berne applique cette réflexion au cerveau tout entier) n'est pas un ordinateur.

Dans notre cerveau, c'est chaque cellule qui est comparable à un seul ordinateur, et nous en comptons 30 à 100 millions !

Ensuite, il importe de différencier l'instruction, la culture classique, la culture « intégrée », l'intelligence et le comportement raisonnable.

Hormis la dernière mention (être raisonnable est une décision de l'Enfant), il s'agit bien d'attributs de l'État du Moi Adulte.

La personne instruite

On la qualifie ainsi parce qu'elle a assimilé d'une manière suffisante (affirmation généralement fiable, parce qu'elle est habituellement contrôlée et attestée par des diplômes) un nombre variable de connaissances scolaires, livresques ou/et universitaires.

---

1. Voir Bibliographie.

Proposées la plupart du temps par les institutions enseignantes, ces dernières ne sont pas en mesure de garantir la capacité d'application concrète et réelle des matières enseignées aux personnes qu'elles ont cependant rendues instruites.

Les personnes instruites peuvent donc choisir d'utiliser leurs acquis :

— pour participer à des Quizz et autres concours ;
— pour « briller » dans les soirées parisiennes, en sachant, avec plus ou moins d'à-propos, s'exclamer : *« Ah ! Coco, mais la version Harnoncourt est transcendante ! »* ou encore : *« Mais vous savez que c'est très lacanien, ce que vous dites làaa ! »* ;
— pour obtenir des emplois dans les institutions qui exigent des diplômes reconnus ;
— pour « intégrer » leurs connaissances classiques, pour les mettre à l'épreuve de la vie concrète, et devenir ce que l'on peut alors qualifier comme étant :

La personne cultivée

C'est celle dont les connaissances, nourries d'expériences et confrontées à la réalité de la vie, est capable de transformer un savoir *statique* en un *savoir-faire* utile à lui-même et aux autres.

La personne intelligente

« S'il est un mot à rayer de notre intelligence, aurait dit un neurobiologiste célèbre, *c'est bien celui d'intelligence. »* Il en existerait autant de définitions qu'il y a d'individus, tout comme des grandes questions de l'existence : l'amour, la mort, le sens de la vie…

Dans un numéro spécial récent consacré au *Cerveau et*

à l'Intelligence[1], le très sérieux *« Science & Vie »* le confirme en en confiant la très épineuse définition à une douzaine de spécialistes.

En voici **quelques échantillons** :

> *« Je ne serais pas tentée de définir ce mot. »*

déclare la physicienne Isabelle Stengers.

> *« On pense aussitôt à quelqu'un qui serait bien adapté, qui serait dans la norme. L'intelligence, c'est un mot qui parle de nos idées sociales, de nos désirs. Ce n'est pas neutre. Je ne suis pas sûre que réussir à l'école, notamment, est une preuve d'intelligence. »*

Et son coauteur de *La nouvelle alliance*[2], le prix Nobel de chimie qu'est Ilya Prigogine, de poursuivre :

> *« L'intelligence humaine se définit par rapport à une culture. A l'intérieur de chaque culture, l'homme se trouve confronté à des ambiguïtés, des problèmes. L'intelligence se trouve ainsi intimement liée à la créativité qui permet à l'homme de chercher à surmonter ses ambiguïtés et à résoudre ses problèmes. »*

Un autre praticien des sciences dites exactes, le biologiste Pierre Roubertoux, nous dit, pour sa part :

> *« Mon expérience personnelle me conduit à penser que l'intelligence est ce qui permet de cacher le sot qui est en moi. Comme, selon les circonstances, je suis le lieu d'accueil de multiples sots, l'intelligence est nécessairement multiple. Peut-on la mesurer ? Oui, si on admet que c'est à partir des réponses à des questions qu'on ne se poserait jamais. Mais si l'intelligence était l'art de poser de bonnes questions et celui de ne pas répondre aux autres ?*

Et le physicien Jean-Marc Lévy-Leblond de poursuivre :

> *« Pour tenter de définir la bêtise, il suffit d'être normalement intelligent : pour oser définir l'intelligence, il faut être particulièrement bête… »*

---

1. Hors série *Science & Vie Junior*, n° 14, octobre 1993.
2. Gallimard, 1979.

Que dissimule toute cettc ironie et ce goût de la dérision, surtout présente chez les tenants des sciences exactes, si ce n'est la difficulté à cerner une réalité qui ne se laisse pas facilement enfermer par les mots ?

Dès lors, un dernier recours, **le dictionnaire** :

« Intelligence : 1 - Faculté de connaître, de comprendre
2 - L'ensemble des fonctions mentales ayant pour objet la connaissance conceptuelle et rationnelle (opposé à sensation *et* intuition*)*
3 - Aptitude d'un être vivant à s'adapter à des situations nouvelles
4 - Qualité de l'esprit qui comprend et s'adapte facilement : caractère d'une personne intelligente »
Ouf ! Presque sauvé par le Robert !

A partir de cela, je peux tenter de construire ma propre définition :

Ce serait la faculté humaine mentale par laquelle les humains perçoivent la réalité, par la captation (notamment : intuitive — ce qui est alors le fait de l'A1 ou Petit Professeur), le tri, la comparaison, l'induction et la déduction (faite sans amalgames), la symbolisation des éléments objectifs et subjectifs perçus pour les comprendre et préparer des décisions qui mèneront à l'action. L'analyse et l'histoire des sciences et de la philosophie permet de considérer que l'intelligence a plusieurs « formes » : l'intelligence abstraite, l'intelligence pratique, l'intelligence sociale, et — surtout — que les humains ne disposent pas tous des mêmes chances de développement de cette faculté.

Il me paraît utile de préciser qu'en Occident un être a plus de chances de devenir intelligent s'il dispose d'une culture riche, faite de connaissances et d'expériences nombreuses.

A méditer : Aviez-vous déjà entendu dire ou lu que le premier verset du *Prologue de Jean* : *« Au début était le Logos »*, interprété avec la culture d'aujourd'hui, signifierait quelque chose comme *« Au début était l'Intelligence créatrice »* ?

La personne raisonnable

Probablement que les scientifiques interrogés par *Science & Vie* aimeraient reprendre leurs petits jeux s'il m'était donné de pouvoir les interroger pour définir la personne raisonnable.

« La personne raisonnable n'a pas (de) raison ! » pour parodier Ben et Jacques Prévert.

La personne raisonnable est celle qui choisit, en bonne connaissance de cause (c'est-à-dire, notamment, après avoir consulté ses trois États du Moi), de décider, avec son État Enfant, de suivre l'avis de son État du Moi Adulte.

A 53 ans, après avoir rencontré des milliers de personnes — dans mes séminaires de communication, notamment —, je reste surpris de constater combien de gens semblent éprouver bien des difficultés à concilier qu'une personne intelligente puisse ne pas être raisonnable.

→ *A propos de l'Enfant*

Ici aussi, il me paraît intéressant de proposer quelques précisions. Et, tout d'abord, de rappeler que, hormis les fonctions spécialisées des hémisphères gauche et droit, les trois États du Moi ne sont pas des réalités physiques

(Il n'y a pas une place, un lieu occupé dans notre cerveau par chaque État du Moi). C'est donc une « convention » utile à l'explication du fonctionnement de notre psychisme qui fait dire à l'AT que l'État Enfant est l'État du Moi qui abrite nos **pulsions** (et notamment ce qu'on appelle la *libido* — ou pulsion vitale), nos **besoins**, nos **désirs**, nos **sentiments** et nos **émotions**.

C'est probablement un désir de perfection, hérité des Encyclopédistes, qui a poussé les scientifiques d'une époque à vouloir absolument préciser une différence entre *émotions* et *sentiments*. Certes, il serait inadéquat de nier aujourd'hui les différences existant entre ces deux réalités importantes de la vie humaine.

Gageons que ceux interrogés plus haut sur la définition de l'intelligence prendraient sans doute un plaisir semblable à brouiller les cartes s'ils étaient invités à réitérer leur petit jeu de définitions.

Par commodité, on traite aujourd'hui, dans les milieux d'AT (comme des autres écoles psychologiques récentes) des *émotions*, auxquelles on adjoint le monde des *sentiments*. Quand bien même on sait que ces derniers concernent davantage les réalités affectives, tandis que les dictionnaires nous renvoient davantage aux réalités corporelles pour les premiers, nous accepterons, pour la facilité de la suite de cet exposé, la convention de nommer *émotions*, le complexe *émotions-sentiments*.

Les émotions-sentiments

Finalement, tout le monde « sait », par expérience, ce que c'est. Rappelons toutefois que, dans notre corps, dont notre cerveau fait partie, existent des systèmes où glandes endocrines et hormones constituent les éléments physiques qui entrent en jeu — quand l'extérieur nous sollicite. Ces systèmes vont, à leur tour, nous faire agir sur cet extérieur.

Et ce jeu d'*actions* et de *réactions* de notre organisme « passe » par notre cerveau.

Notre vie émotionnelle commence à la naissance.

Il y a longtemps que la psychologie nous a renseigné sur l'empreinte fondamentale des premiers échanges émotionnels avec l'extérieur de notre petite personne.

Toute notre vie, nous sommes habités par cette empreinte qui nous « pousse » parfois, qui nous pousse souvent à réagir aux événements de la vie adulte avec des réactions « imprimées » en nous dans l'enfance (Quelle superbe intuition tout de même, que celle de Berne donnant ce nom d'État « Enfant » à cette partie de notre psychisme qui abritera, notre vie durant, ce complexe de pulsions, de désirs, d'émotions et de sentiments !)

Le rôle des émotions-sentiments

L'être humain est un chef-d'œuvre dans la Création. Il est bien fait. Il est riche d'énormément de potentialités. Les émotions ont un rôle à jouer dans l'Évolution de l'espèce humaine.

Comme l'intelligence (qu'elles influencent et qui les influence), elles permettent à l'homme de s'adapter et de communiquer avec son environnement naturel et social.

Comme le dit Carlo Moiso — un transactionnaliste qui a reçu le prix Éric Berne pour ses travaux sur les émotions :

Les émotions nous renseignent sur nous-même, pour nous-même. Elles sont aussi des informations que nous donnons aux autres.

Les 4 grands sentiments-émotions

1. La peur

La peur est l'émotion fondatrice de notre personnalité et — peut-être — des civilisations.

Origine personnelle : Maman s'éloigne pendant une demi-heure, nous le vivons comme une petite éternité, pendant laquelle nous sommes entièrement « mangés » par cette émotion — nous devons, avec notre Adulte, faire l'expérience, c'est-à-dire la déduction de ce que la séparation n'égale pas l'abandon.

Pour l'humanité : la peur est une émotion très sophistiquée qui avertit les humains des dangers, et est donc à l'origine de la constitution des moyens de protection, base de la civilisation.

La peur engendre souvent des comportements adéquats : prendre ses jambes à son coup pour éviter un accident, en est un exemple. Accepter la sanction d'un représentant de l'ordre, en est un autre. Parfois, ces comportements sont moins adéquats : dans l'inhibition de l'action, étudiée par H. Laborit — où la personne reste figée alors qu'il serait plus adéquat de réagir. Où, ce qui est assez fréquent, lorsque la participation de l'Adulte est défaillante : lorsqu'une personne réagit à un « danger » qui n'est dangereux que dans son imagination.

2. La colère

C'est une émotion plus sophistiquée. Elle a davantage fonction de message.

Chez le petit : parce qu'il n'est pas satisfait de « ce qui se passe » dans sa relation aux aînés, un programme neurobiologique lui permet de le faire savoir aux aînés.

Chez l'adulte : le prolongement de cette pratique, dont les manifestations sont archaïques (cris, agressivité tournée vers l'autre ou vers soi-même), jouent le même rôle.

L'adéquation de l'expression de colère devrait être appréciée idéalement par l'Adulte (on sait que des hommes ont tué pour une manœuvre au volant qui leur avait déplu, faite par un autre automobiliste).

Peut-être est-ce la peur des colères excessives (et donc dangereuses) qui porte les hommes à vouloir la « juguler » ? Ce qui est peut-être à l'origine de ces grands dérèglements de colère que sont les guerres !

3. La tristesse

C'est la plus naturelle des émotions, et sans doute la plus fréquente, même si son expression est souvent contrôlée par les conventions sociales. C'est celle qui naît de la perte d'un « objet » (personne, animal ou objet matériel ou symbolique). Sentiment légitime, on en mesure aussi l'adéquation de son expression par l'analyse de l'Adulte.

4. La joie

La joie est, sans aucun doute, le but de l'existence (on parle alors d'un état dans lequel elle est fort présente, au quotidien — et on appelle alors cet état *bonheur*).

Rires, débordements, échanges, tels sont les comportements (presque toujours) adéquats qui marquent les réussites humaines (satisfactions d'atteindre un objectif, retrouvailles, plaisirs partagés).

Les émotions sont des indicateurs de « quelque chose qui se passe » — à l'intérieur de nous — dont les autres pourront ou non tenir compte. Ce « quelque chose » peut être agréable (comme dans la joie) ou non (comme dans la peur, la tristesse ou la colère).

Lorsque la sensation est désagréable, l'organisme se met à l'œuvre pour « dépasser », « contourner », « digérer » la sensation désagréable, et retrouver un état physique et psychologique satisfaisant.

C'est dans cette recherche d'un état satisfaisant, après la confrontation d'un « événement » désagréable, que se situe le rôle des émotions. Ce « quelque chose » peut trouver son origine :

— en nous-même (il est alors généré par notre propre pensée ; par exemple, une émotion triste peut provenir de la remémorisation d'un événement récent et triste) ;

— dans des événements produits à l'extérieur de nous-même (par exemple, une sensation de peur provoquée par un brusque éboulement sur une route de montagne ; ou une sensation de colère parce que je découvre qu'une personne n'a pas tenu ses engagements).

Nos systèmes sensoriels et notre pensée vont alors déclencher des comportements d'approche ou d'évitement.

D'approche des autres, par exemple, pour partager sa joie, exprimer sa colère, obtenir de l'attention, ou éviter la situation.

Ces comportements visent également à renseigner les autres sur « ce qui est en train de se passer ».

Selon que les réponses, données par nous-même à nous-même, ou par les autres à nous-même, seront adéquates ou non, elles rétabliront ou non un état physique et psychologique satisfaisant.

Comme le dit Georges Thomson :

> *« Dans beaucoup de cas, les sentiments sont fonctionnels : ils sont utiles pour mettre à jour et résoudre les problèmes de la personne. D'autres fois, c'est le contraire ; ils n'aboutissent à aucune prise de conscience ou action efficaces... Tout sentiment fonctionnel s'accompagne d'un comportement fonctionnel. »* [1]

C'est ce que met en évidence le schéma ci-dessous, mis au point par Carlo Moiso :

PEUR	=	signal de fuir, ALLER LOIN DE...
COLÈRE	=	signal d'attaquer, ALLER CONTRE...
TRISTESSE	=	mouvement de retrait, repli sur soi, ALLER EN SOI-MÊME...
JOIE	=	mouvement d'ouverture, ALLER VERS...

(2)

PEUR :	être rassuré
COLÈRE :	être respecté
TRISTESSE :	être consolé
JOIE :	être aimé, apprécié, admiré

(2)

Dans ses excellents et très complets ouvrages consacrés à l'AT [3], Dominique Chalvin propose une fort intéressante série de « grilles » pour utiliser le caractère positif des émotions. En voici un aperçu, condensé.

A partir de ce qui se passe, l'auteur nous invite à prendre conscience et à réaliser **concrètement** des actions dont il nous indique les lignes de force.

---

1. In *Actualités en Analyse Transactionnelle*, vol. 8, nº 32.
2. Publié dans *Les émotions*, par Viviane Dubos, ESF éditeur, 1993.
3. Voir Bibliographie.

SCHÉMA VERS LE SENTIMENT POSITIF

	peur	colère	tristesse
1. Quand se passe une situation donnée	description	description	description
2. Alors j'éprouve	sensation	sensation	sensation
3. Faire suivre de la réflexion : « C'est »	un danger	un obstacle	une perte
4. Suivie de la reconnaissance du sentiment	C'est de la peur	C'est de la colère	C'est de la tristesse
5. Suivie d'actions efficaces	éviter, être prudent, trouver de l'aide	défense, inviter au changement	se consoler, demander du réconfort

Expression adéquate des émotions

Et, d'aucuns seront certainement surpris par la simplicité de ces expressions…

Par commodité, j'ai choisi Pierre comme étant le « récepteur » unique de ces messages :

Joie :

« Pierre, je suis très content de ce qui m'arrive »
(Suivi ou non d'une explication Adulte.)

Peur :

« Pierre, j'éprouve une certaine crainte au sujet de… »

(Suivi ou non d'une explication Adulte.)

ou encore :

« Pierre, j'ai vraiment peur de… »

Tristesse :

« Je suis assez triste de… »

(Suivi ou non d'une explication Adulte.)

Colère :

« Je suis vraiment fâché contre toi parce que… »

(Suivi d'une explication Adulte.)

Des quatre grandes émotions, la colère est celle qui demande le plus que soit pris en considération le déséquilibre hormonal qui en accompagne le ressenti.

La forme la plus OK de l'expression physique de la colère se trouve être dans la décharge des tensions, en **frappant dans des coussins**.

Il est intéressant d'en faire l'apprentissage correct au cours d'un marathon thérapeutique, comme les transactionnalistes en organisent fréquemment, tant il est vrai que notre inconscient contient *souvent* l'interdiction (la non-permission) de cette expression, pouvant entraîner des gestes autopunitifs, tels que la frappe avec ses poings sur un mur ou une table. La décharge OK ne peut faire le moindre mal, ne peut causer la moindre détérioration.

Elle gagne aussi à s'accompagner d'une expression orale adéquate. Voilà deux raisons pour lesquelles j'en recommande l'apprentissage dans un lieu protégé.

L'État Enfant, voie d'accès à notre Être Profond

Le grand Krishnamurti pensait que le degré de développement du cerveau des hommes au XXe siècle ne lui permettait pas de « comprendre » en profondeur ce qu'est vraiment la Vie, et qu'il faudrait encore attendre quelque temps (Combien de siècles ?). Le grand respect que j'ai pour la mémoire du sage m'autorise à penser que son analyse péchait par erreurs d'appréciation sur deux aspects de la question :

— d'une part, j'y vois une méconnaissance à l'égard des milliers (peut-être des millions, qui sait ?) d'hommes et de femmes ayant vécu des expériences « sublimes » de rencontre entre leur Être Profond et l'Être du Monde — mais il est vrai que seules quelques centaines d'entre eux ont su en témoigner ;

— d'autre part, il me semble que Krishnamurti « rêve » d'un temps où tout le monde accéderait à un développement de l'Adulte tel que chacun puisse, par ce type de réalité psychique (notre Adulte) accéder à la compréhension de l'Être du Monde, alors que *ma* compréhension des témoins auxquels je fais allusion, indique qu'ils y aient accédé et certains de nos contemporains y accèdent — à partir de leur Être Profond. Nos États Parent et même Adulte souffrent, à mon sens, de trop de rigidité dans leur fonctionnement (biologique, même) pour avoir la moindre chance de percevoir l'Être du Monde (c'est-à-dire la Vie, son origine et son sens).

Seul l'Enfant Libre, *dégagé de nos désirs premiers*, est susceptible de nous aider à évoluer de manière telle que nous puissions rencontrer notre Être Profond, capable — lui — de rencontre avec l'Être du Monde.

L'ouverture à notre Être Profond, la démarche la plus thérapeutique qui soit

Cette volonté d'ouverture à notre Être profond est encore la démarche la plus thérapeutique, la plus salvatrice qu'un être puisse entreprendre, parce qu'il s'alimente alors à la Source la plus pure de Vie qui soit[1].

→ *A propos de la suradaptation*

Les premières expériences relationnelles du petit d'homme avec sa mère — comme on l'a suffisamment répété — sont des plus fondamentales dans la façon dont elles vont donner au psychisme du petit une imprégnation tellement forte que, dans bon nombre de cas, il est pertinent d'affirmer que ces expériences « donnent le ton » (et parfois, définitivement) à la dynamique relationnelle qu'une personne entretiendra toute sa vie.

L'un de ces aspects porte, d'une façon bien adéquate, le nom d'**adaptation**.

Cette personne est perçue comme surpuissante [elle est, pendant les premiers mois de la vie du petit, la source unique de toutes ses satisfactions (nourriture, protection, caresses)].

L'une des grandes découvertes du petit, c'est qu'il perçoit progressivement qu'il devient, lui aussi, capable d'*offrir* des satisfactions à ses parents (le sourire, le contrôle des sphincters en sont les formes les plus évidentes).

De la façon dont les parents vont réagir (situation demandant du doigté) va dépendre, pour une bonne par-

1. Voir *A la découverte de Soi*, op. cit.

tie de sa vie, la part d'*adaptation* souhaitable aux besoins des autres (et nécessaire à la socialisation du petit). Ceci se distingue de la part d'*autonomie*, nécessaire à son bon équilibre psychologique futur, à sa capacité à accroître la confiance en lui-même.

Quand les parents sont suffisamment aimants à l'égard de leur enfant, ils trouvent assez aisément le bon dosage entre l'apprentissage de l'autonomie et celui de l'adaptation aux besoins des autres.

Quand cette inspiration d'amour n'est pas suffisamment présente, il se crée, la plupart du temps, un apprentissage (moins conscient, moins volontaire) à la *suradaptation*, lequel prend habituellement l'une des deux « formes » suivantes :

— soit le petit — puis, forcément plus tard, la personne — « en fait trop » pour « plaire » aux autres, tend à les faire tellement passer avant lui-même qu'il se retrouve assez souvent dans des comportements appelés en AT comportement de « Victime » (il n'ose pas prendre sa place dans la vie, il devient, de fait, victime des autres) ;

— soit ses parents — eux-mêmes « rebelles » aux autres — lui apprennent à s'opposer systématiquement aux autres et son Enfant Rebelle prend le dessus (cette situation caractérise notamment les milieux délinquants).

Mais, tout comme j'ai déjà eu l'occasion de le dire, beaucoup d'entre nous n'ont connu ni les meilleures, ni les pires conditions d'éducation. Ce qui a pour conséquence qu'il est permis d'affirmer qu'une très grande majorité des Occidentaux de cette fin de XXe siècle se caractérise par une série de comportements de *suradaptation*.

La suradaptation correspond, chez beaucoup d'humains, à un détournement d'énergie psychique. Celle-ci est en effet détournée de l'autoréalisation de la personne, soit dans une proportion assez grave, soit assez bénigne.

Nous sommes alors sur un terrain que Freud aurait sans doute joint à ce qu'il appelait *la petite psychopathologie de la vie quotidienne*.

→ EXEMPLES :

Irène a aujourd'hui 75 ans. Toute sa vie, elle a cru qu'il lui était bénéfique de vivre dans un immeuble bien au-dessus de ses moyens réels. Aujourd'hui, à 75 ans, alors que ses enfants l'encouragent à habiter dans un autre immeuble, Irène ne veut pas en entendre parler.

Jean-Baptiste travaillait aux chemins de fer, dans un milieu assez « masculinisant » (où les valeurs traditionnelles un peu macho allaient... bon train). Toute sa vie, il s'est forcé à blaguer « grivoisement », à faire semblant de s'intéresser au sport, qu'il n'appréciait pas vraiment.

L'une des formes les plus répandues — tellement répandue que la prise de conscience du caractère réellement *aliénant* de ces comportements s'avère assez difficile pour beaucoup : **l'hypersusceptibilité à l'opinion des autres**.

Cela entraîne dépenses matérielles et dépenses d'énergie pour présenter aux autres — et souvent, en permanence — une « image », celle que l'on croit être la plus favorable de soi-même (toutes les formes de « maquillage » de son physique, comme de sa réalité sociale et professionnelle).

C'est devenu une banalité, dans nos sociétés, de considérer l'importance de ces comportements.

Combien de personnes « n'investissent-elles » pas démesurément en soins portés et à l'allure de leur intérieur (comme si celui-ci devait, à tout moment, être suffisamment « impeccable » pour recevoir un roi !), au choix de leur voiture, et à leur « look » personnel (comme s'il s'agissait de ne pas manquer d'impressionner un prince charmant — ou une « vedette » — rencontré sur leur chemin) ?

Le changement de coloration des cheveux et les

« petites » interventions de chirurgie esthétique sont presque considérés comme des progrès de civilisation !

Une forme pernicieuse de la suradaptation se retrouve dans le fait de fumer : probablement n'existe-t-il aucun fumeur au monde qui ne doit cette regrettable pratique à la suradaptation !

Parce que la première cigarette est très rarement appréciée et que l'on en fume une deuxième, une troisième pour se conformer à une « image » de grand…

Un comble de suradaptation : le rire du gibet

Que celui qui ne l'a jamais pratiqué jette la première pierre ! Seules les personnes bien libérées de leur scénario parviennent à ne plus pratiquer cette *« autodévalorisation »* (si bénigne, penseront d'aucuns ?). Elle consiste à rire de soi-même (ce qui, au premier degré, est alors une **vraie qualité** — lorsqu'il s'agit vraiment d'**humour** !), c'est-à-dire à pratiquer un *rire jaune*, à propos d'une insuffisance, d'une limite réelle, dont on espère ainsi atténuer la réelle dimension.

> *« Oh ! Vous savez ! Moi, j'ai toujours été nul en rédaction française… Hi ! hi ! hi ! »*

déclare ironiquement, au cours d'une réunion, ce cadre-ingénieur, qui tente ainsi de dissimuler son ennui d'être désigné comme secrétaire de la tâche dont va s'occuper ce groupe de travail.

> *« Ah ! ah ! Moi, je fais fuir les hommes… ! »*

déclare en riant *« jaune »* cette femme de 40 ans, qui en est à son 4e « ratage » de vie commune.

Les personnalités « gagnantes » ne pratiquent le *rire du gibet* que très rarement (ou plus du tout).

Mais d'où provient cette étonnante appellation ?

On a beaucoup vanté — et à juste titre — la curiosité positive (Eh oui ! Mon Parent se souvient d'une grand-mère qui répétait sans arrêt *« que la curiosité était un vilain défaut ! »*) du fondateur de l'AT. Éric Berne s'intéressait à beaucoup de choses, et notamment à l'anthropologie historique.

C'est dans des ouvrages relatifs aux mœurs britanniques du XVIIIe siècle qu'il a découvert une étonnante pratique à laquelle se livraient les sujets de Sa Gracieuse Majesté : à cette époque, il était d'usage d'aller assister au spectacle des dernières heures de vie des condamnés à la pendaison de la sinistre Tour de Londres.

Et ceux-ci s'adonnaient à une tout aussi sinistre « compétition » ; celle qui, du haut de leur gibet, consistait à « plaisanter » de leur sort. Berne en fit la métaphore qui décrit le comportement d'autodérision, d'autodévalorisation expliqué ci-dessus.

Les vraies décisions de notre vie sont prises par l'État Enfant

C'est peut-être le fait d'avoir beaucoup travaillé en milieux industriels et commerciaux qui m'a permis de rencontrer un *mythe* qui a la vie dure, dans le monde des ingénieurs, des scientifiques, une *croyance* Parent : celle selon laquelle on pourrait arriver à ne *prendre que des décisions uniquement rationnelles*.

En termes d'AT, uniquement avec son Adulte. Il s'agit d'une erreur d'appréciation, probablement due à la tendance très répandue depuis fort longtemps (la peur ?) à minimiser l'importance de la vie émotionnelle et affective.

Encore énormément d'entreprises et d'institutions sembleraient vouloir fonctionner « comme si » leurs employés pouvaient mettre leur Enfant au vestiaire en entrant à l'usine ou au bureau le matin, et en le reprenant le soir, en sortant !

C'est une profonde erreur !

Parce qu'il y a deux raisons fondamentales pour inciter le personnel de ces organisations à utiliser leur État Enfant, dans le travail…

- La première :

C'est que nous prenons, finalement, nos décisions avec notre État Enfant.

- La seconde : c'est également le siège de la **créativité**…

Bien sûr, beaucoup de « processus décisionnels » sont structurés de manière à prendre en considération la plupart des éléments de type rationnel, mais, après en avoir pris connaissance avec notre Adulte, c'est avec notre Enfant que nous décidons.

Pour les ingénieurs et les scientifiques que cette affirmation dérange encore, je dirai que la neurobiologie et la psychologie nous démontrent que nous prenons la plupart de nos décisions comme nous le faisons d'un lieu de vacances : après avoir recueilli et comparé des tas d'informations (avec des tas de données de type différent : caractéristiques des lieux, prix, durée), c'est avec notre Enfant que nous choisissons ! Et même, si nous n'avons pas envie de souscrire à cette notion de choix (par exemple, parce que notre bourse est l'élément déterminant de notre choix), c'est bel et bien un choix de type affectif qui préside à toutes nos décisions dans la vie.

Il faut redonner sa place à l'État Enfant dans la vie professionnelle

Selon moi, l'une des façons de dépasser la crise économique des années '90 passerait par une reconsidération *réelle* (parce qu'elle est parfois présente dans les grandes déclarations !) des ressources humaines des organisations industrielles et commerciales : celle où ces « dinosaures » que sont souvent ces types d'organisations seraient capables d'évoluer vers l'utilisation des *potentialités créatrices* de chacun. Mais cela exigerait deux révolutions :

1. La première, au niveau Parent des milieux dirigeants pour qui la présence de capacités créatrices chez chacun relève du mythe ;

2. L'appel aux capacités créatrices d'un grand nombre, dans une organisation, implique des structures de fonctionnement plus *démocratiques* que celles que l'on trouve généralement dans la majorité des organisations industrielles et commerciales.

PROGRAMME DE DÉVELOPPEMENT DES ASPECTS LES PLUS POSITIFS DE NOS ÉTATS DU MOI

Ce programme est, bien sûr, à considérer comme une série de suggestions.

1. Pour nos transactions Parent Normatif > Enfant Adapté

— S'entraîner (avec l'aide de personnes bien disposées à son égard) à trouver la meilleure forme (choix des mots, ton de la voix, attitude) de messages Parent Normatif (dont il est attendu une exécution sans discussion). Très adéquat pour les situations d'urgence et avec de petits enfants jusqu'à environ 4 à 5 ans.

Par ailleurs, il est intéressant de noter sur un document que l'on consultera tous les deux ou trois ans, la liste de ses opinions les plus arrêtées (Vous savez ! Celles que j'émets facilement en utilisant des phrases débutant par : *« Moi, je dis que les X ou Y sont toujours... »*, *« Il ne faut jamais... »*, *« Comme je dis toujours... »*.

2. Pour nos transactions Parent Normatif > Adulte

— Même entraînement en veillant à bien marquer la différence avec les messages destinés à l'Enfant Adapté.

(La forme du message doit laisser entendre qu'elle s'adresse à l'État Adulte de la personne en face.) Très adéquat dans certaines situations d'activités et de résolution de problèmes en commun, de même que pour donner des ordres à des enfants (à pratiquer à partir d'environ 3 à 4 ans) et avec les adolescents.

3. Parent Normatif

Remplacer les normes négatives	**par des normes positives**
«La curiosité est un vilain défaut»	*«La curiosité est une source de développement»*
«Le sexe est une fonction peu noble»	*«Le sexe est une chose belle et saine»*
«Les noirs, les blancs, les étrangers, les hommes, les femmes, les jeunes, les... sont des... ne valent pas grand-chose...	*«Chaque individu sur terre est une personne absolument unique, riche d'énormément de potentialités, de sentiments. Il arrive souvent que des humains aient des comportements inadéquats, mais ils ne continuent pas moins à mériter un respect fondamental»*
«La peinture moderne, le jazz, la musique classique, la danse... ça n'est pas intéressant»	*«Toute création humaine est pleine de vie, d'ingéniosité et de charme. Il est vrai que nous affinerons notre sensibilité à certaines œuvres en nous familiarisant au genre auquel elles appartiennent*
«Il leur faudrait une bonne guerre»	**Remplacer par l'analyse Adulte :** *Je ressens qu'il y a quelque chose de positif au développement personnel dans l'apprentissage de l'adversité et de la souffrance... Les gens de ma génération l'ont appris au travers d'une guerre, mais celle-ci est une telle source de malheur qu'il faut à tout prix l'éviter.»*

Une réflexion qui me tient à cœur

J'ai souvent été surpris par la façon dont l'État Parent, Normatif par fonction, jouait à mon sens, un rôle regrettablement limitant vis-à-vis des jubilations esthétiques possibles. Ayant développé — quelque peu volontairement — mon éclectisme dans plusieurs domaines, j'ai notamment saisi la chance qui m'a été donnée, pendant une trentaine d'années, de jouer deux types de musiques, généralement considérées par le Parent de beaucoup de mes contemporains, comme incompatibles : jazz et classique. Deux de mes bons amis se caractérisent par le fait de poser le même jugement Parent sur deux musiques différentes : Odette apprécie le jazz de la Nouvelle Orléans, mais qualifie d'*intellectuel* le jazz plus récent. Jean-Pierre, vieux compagnon de virées jazzistiques, considère comme telle… la musique classique. Surprenant, n'est-ce pas ?

Je me suis également souvent surpris à imaginer des événements musicaux qui étayeraient mon propos — et ces scènes imaginaires peuvent être transposées dans bien d'autres domaines.

Imaginons, lors d'un concert, le grand Mozart, au faîte de sa gloire, annoncer une œuvre nouvelle. Dès les premières mesures, on entend des grognements dans la salle, des quolibets se mettent à fuser, des injures montent.

Que se passe-t-il ? Et c'est ici que les mélomanes devront pardonner ce crime de lèse-Wolfgang. Pour nous, connaisseurs de l'histoire musicale, nous reconnaîtrions le *Boléro* de M. Ravel!!!

J'imagine parfois la même consternation, la même condamnation par son public, à l'écoute d'une annonce comparable, faite par Louis Armstrong, enchaînant un thème à-la-Dizzy Gillespie ou à-la-Miles Davis !

Qu'est-ce que la cause de ces indignations, dans ces exemples imaginaires, si ce n'est que, sur les plans esthétiques — si utiles à notre développement — nous nous caractérisons généralement par un manque d'esprit curieux, « aventurier » auquel nous préférons la « familiarité » avec le déjà connu ?

Pour étayer la démarche d'éclectisme que je préconise, je citerai les propos de l'Ange, rapportés par Gitta Mallasz[1] : « Je le dis, je le répète : non pas l'éternellement répété, mais le nouveau, le « jamais-vu ».

---

1. Op. cit.

4. Parent Bienveillant

Pour développer son Parent Bienveillant et apprendre à mieux apprécier le PBt des autres, demandez à plusieurs amis de participer avec vous à l'exercice-jeu suivant :

— Une personne met un bandeau devant les yeux ; une autre lui propose une « visite guidée » dans une maison, de préférence en empruntant des escaliers.

— Puis, intervertir les rôles.

— Échanger ensuite vos impressions sur la capacité de chacun à être « bienveillant », à accepter la bienveillance de l'autre.

5. Adulte

• Faire la liste des domaines qu'il serait adéquat de mieux connaître (professionnellement ou pour la culture générale) — et aussi, après consultation de l'État Enfant, ce que l'on *aimerait* mieux connaître.

Chercher les meilleures sources d'information sur ces sujets (notamment en interrogeant les personnes qui paraissent les plus compétentes en ces matières).

• Se regarder nu dans un miroir et chercher à se documenter sur l'art de bien se nourrir, d'entretenir son patrimoine physique, le plus longtemps possible.

• Et surtout, faire des fiches de synthèse (c'est le meilleur moyen de faire des apprentissages vécus).

• Faire le bilan (ça marche mieux en l'écrivant sur papier !) de ma capacité à fixer des objectifs professionnels, personnels (par exemple : apprendre des choses nouvelles), relationnels avec moi-même (Suis-je capable de « fonctionner » dans tous mes États du Moi ? Suis-je quelqu'un qui se connaît bien ? Suis-je capable de spontanéité et d'autonomie ?) et avec les autres. (Suis-je une personne qui vit des relations positives, productives et agréables, avec ceux qui m'entourent ?)

Y aurait-il à mes yeux (et éventuellement, selon l'avis de mes proches — uniquement des personnes bienveillantes à mon endroit !) quelque intérêt pour moi à fréquenter un Atelier thérapeutique ?

A faire un « contrat de changement personnel », à me dégager de certaines données scénariques qui « encombrent » ma capacité à atteindre mes objectifs, à être heureux ?

• M'entraîner — c'est-à-dire, dans bien des cas — préparer mes demandes : Sont-elles claires, précises, réalistes ? Respectent-elles l'autre ?

→ EXEMPLES :

> *« En ce moment de ma vie, les infos concernant les drames et les laideurs du monde m'atteignent beaucoup. Puis-je te demander de réduire l'écoute de ces infos à la radio, à la télé ? »*

(Type de demande qui appelle, comme beaucoup d'autres, une négociation.)

> *« Monsieur Wagner, quand vous m'appelez "mon petit", je ne me sens pas respecté(e), et je vous demande de m'appeler désormais par mon nom. »*

> *« Je te demande de prendre tes dispositions pour ranger le hall d'entrée tous les jours. »*

(Type de demande qui appelle des précisions, comme souvent, sur ce qu'on entend, de part et d'autre, par un mot de la demande. Ici : ranger.)

> *« Que penses-tu de ce point de vue ? »*
> *« Comment feriez-vous à ma place pour… ? »*

• Développer autour de soi des **« militances »**, c'est-à-dire agir comme agent d'évolution, militant pour les prises de conscience des grands — mais aussi — des petits « problèmes » de notre temps, tels que les nouveaux problèmes de vie en société.

→ EXEMPLES :

> *— organiser la séance d'information à l'AT évoquée en première partie ;*
> *— sensibiliser à l'intérêt du redéploiement de l'apprentissage du sens civique.*

(Après des décennies de libération vis-à-vis du caractère excessivement normatif de l'éducation proposée par nos aînés, il semble nécessaire de redécouvrir les valeurs du sens civique), c'est nettement plus positif que de passer son temps à « ronchonner » dans des transactions Parent-Parent du type *« Ah ! De nos jours, les jeunes… ! »*

→ EXEMPLE D'ACTION « MESURÉE » :

Distribuer chez les commerçants portés à accompagner la mode de diffusion de « fond musical » dans leurs magasins et restaurants, un petit document photocopié proposant un texte du genre : « Les sympathisants du Front de Libération de l'Oreille » portent à votre connaissance qu'ils préfèrent déjeuner, dîner et faire leurs achats dans des lieux calmes et bien aérés. »*

6. Enfant Adapté

• Faire la liste des comportements « automatiques » d'acceptations, sans conditions, des exigences, des règlements auxquels je me soumets sans difficulté, puis en apprécier la pertinence (Sont-ils à conserver ou puis-je en remplacer certains selon mes désirs, mes besoins ?)

→ EXEMPLES :

— *S'arrêter au feu rouge*
— *Respecter les « règles de politesse »*
— *Respect des consignes professionnelles*
— *Entretenir ma maison « comme si » un prince pouvait me rendre visite à l'improviste*
— *Maquiller mon corps et mon psychisme pour paraître.*

7. Enfant Rebelle

Je ne consacre que fort peu de place au développement de l'Enfant Rebelle positif, tant il m'apparaît — selon l'observation que je peux faire — que les personnes qui n'*osent* vraiment faire aucune confiance à leur Enfant Rebelle positif et à celui des autres, ne pourront difficilement dépasser ce blocage qu'à partir d'un contrat thérapeutique.

Par ailleurs, c'est surtout dans de grandes orientations de vie que je perçois souvent la présence la plus positive de ce sous-État du Moi (comme chez Gandhi, ou chez François d'Assise — ou encore, chez ce praticien de médecine chinoise qui a opté pour cette voie à partir d'un fort sentiment rebelle à l'égard du

---

* Julos Beaucarne.

MAÎTRISER LE PETIT FASCISTE QUI SOMMEILLE EN CHACUN DE NOUS

« Tout homme est capable de génocide »
Bernard Kouchner

Dans le prolongement de ce qu'on a appelé les mouvements de '68, la notion de *« maîtrise »* a été frappée d'ostracisme.

Il ne convenait pas de faire référence à ce concept, au début des années soixante-dix (Comme quoi chaque mouvement révolutionnaire remplace des normes Parent par d'autres !) Or, si le vocable a maléficié *(néologisme que je propose comme contraire de : bénéficier)* de connotations militaires et anti-démocratiques, il ne faut pas oublier qu'il signifie tout autant *gestion bénéfique et équilibrée d'une caractéristique humaine.*

Et c'est évidemment dans cette acception que j'en propose ici l'usage.

Le **« Petit Fasciste »** (Berne en parle dès ses premiers ouvrages) est cette part de notre Enfant qui :

1° d'une part, *ressent* l'état inachevé du développement humain ;

2° d'autre part, *regrette* les formes de comportement que cet état engendre chez les hommes (déviances, perversions, injustices) ;

3° *aspire* à la régulation d'un tel état de fait, au travers d'un espoir de relation symbiotique forte (Un Parent — davantage Normatif que Bienveillant — qui prenne en charge les actions pouvant mener à cette régulation).

Force est de constater, à travers l'histoire humaine, qu'il s'agit d'une tentative de réalisation d'un bien-être collectif, qui débouche souvent sur un pire que sur un mieux-être.

En effet, que ce soit en appelant un recours symbiotique (traditionnellement) classé à droite (les Églises ou partis de droite) ou un recours (traditionnellement) classé à gauche (« Église marxiste » ou partis de gauche), les réponses faites selon ce mode psychologique débouchent inévitablement sur des chaos bien souvent supérieurs à ceux qu'ils étaient censés conjurer.

Parce que dans son appel symbiotique au Père Noël ou au père Marx, l'État Enfant croit — erronément — faire l'économie de sa responsabilité politique (la politique est bel et bien l'affaire de chacun — et nous avons bel et bien la politique que nous méritons) et pouvoir imputer sa créativité personnelle à d'autres fins.

monde médical installé; chez cet artiste, à qui on avait prédit l'échec et qui démontre au monde ses capacités de réussite dans l'exercice de son art).

8. Enfant Libre

• Oser décider de devenir l'**artisan principal** de notre propre vie. Ne modifier, dans sa vie, que ce que nous avons vraiment envie de changer, sans quoi ce serait renforcer notre Enfant Adapté.

• Oser explorer ses émotions; apprendre à reconnaître combien elles nous aident dans la vie; apprendre à oser les exprimer davantage spontanément, et découvrir ce en quoi elles nous rendent plus humains, plus crédibles, plus authentiques, aux yeux des autres.

• Oser développer sa sensualité : apprendre à goûter les joies de la vie, apprendre à les partager avec les autres.
Oser la sensualité avec les éléments : air, eau, terre.

> Alors qu'il demandait à K. Garfield Durckheim quel livre ce dernier lui recommandait de lire, son disciple Jacques Castermane, surpris, s'entendit répondre : *« Vous êtes-vous jamais roulé nu dans les feuilles mortes ? Voilà l'enseignement que je vous recommande ! »*

Le même sage recommande à qui veut d'apprendre (de réapprendre ?) à respirer — la plupart d'entre nous respirant mal — à ouvrir cette « boîte à énergie » que sont les poumons.

• Oser apprendre au moins une technique de relaxation et décider d'offrir à son organisme le temps pour la faire en profondeur. Plutôt que d'« empoisonner » son organisme avec des médicaments, cela reste « le » moyen pour dépasser stress, anxiété, nervosité et maux de dos — ces maladies qu'on dit du siècle.

• Oser (dans une société où tant est fait pour y échapper !) apprendre à vivre *pleinement* l'instant présent, c'est-à-dire à quitter le monde des « fuites » organisées, comme par exemple *écouter* vraiment la musique, au lieu de l'*entendre* en faisant autre chose en même temps; de même pour toute une série de pratiques fort présentes dans notre société, et qui ont comme effet pervers le *morcellement* de nos capacités sensibles, comme la lecture, l'assistance à des spectacles vécus sans participation intense, mais uniquement comme échappatoires — lesquels ne sont pas alors fort éloignés du concept de drogue.

A propos de l'écoute active*, prenons en considération ce que nous dit Michel Chieux, auteur de plusieurs ouvrages d'*acoulogie* ou science de l'écoute :

> *Nous vivons avec les sons. Nous venons au monde avec les sons. Dès la nuit utérine, ils sont présents. Plus tard, ils nous dérangent ou nous conduisent au septième ciel. Pourtant, la plupart du temps, nous les considérons avec distraction.* »

C'est ce type d'attitude de *plénitude* dans mes rapports aux autres et aux choses qui est le plus susceptible de m'ouvrir à la *capacité jubilatoire*. Laquelle se trouve être un accès non négligeable vers la capacité à goûter les moments *numineux* [1].

• Oser rire et oser le sourire intérieur

« Les gens qui ne rient jamais ne sont vraiment pas sérieux » disait A. Allais.

Et il avait bien raison, rire est indispensable à la bonne santé psychique. Mais un rire qui connaît soit le partage — sans jamais être ironique ou moqueur — ou qui soit tout intérieur.

Grâce à l'excellente détente musculaire, à la bonne ventilation des poumons, à l'élimination des toxines, à la production d'endorphines euphorisants et à la modification positive qu'il exerce sur les tendances rigides et mécaniques du psychisme qu'il produit, le rire a révélé au monde médical l'importance de ses vertus curatives.

Oser rire ! La vie offre tellement d'occasions de le faire sainement, sans recours à ces artifices douteux que sont les blagues ou le spectacle comique (sans s'en priver toutefois !).

• Oser s'offrir une plage de temps par jour (au moins, 20 minutes) de méditation, voie royale pour la découverte de notre Être Profond.

---

* Dans le contexte ici décrit, ces termes représentent une réalité quelque peu différente de son usage dans la Méthode Gordon.

1. Voir *« A la découverte de Soi »*, op. cit.

• Oser (Attention ! Nos contemporains ne vous suivront pas facilement !) le ressourcement très positif que permet le silence.

• Oser faire l'amour et vivre pleinement sa sexualité.
Découvrir son partenaire ; parler avec lui (elle) de ce qui plaît à l'un, ce qui plaît à l'autre, oser allier la tendresse à cet acte.

• Oser dire et explorer ses besoins de tendresse. (Quelles sont les choses, les mots, les gestes tendres que je peux désirer, que je peux échanger.)

• Oser offrir son amitié à plus de personnes, en leur faisant partager sentiments et émotions.

• Oser exprimer sa créativité personnelle dans de petites (et de grandes) choses : *« Tiens ! Si je (on) faisait comme ça ? »*

• Oser développer et entretenir sa créativité.
Si la pratique des exercices de créativité n'est pas tout à fait suffisante, ne pas s'en priver cependant.

→ EXEMPLE : *Reliez les 9 points par une ligne (brisée) à exécuter d'un seul trait* [1].

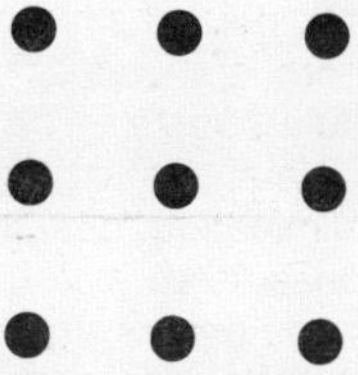

• Oser faire l'expérience de la fragilité
Quand on *s'ouvre* au monde des sensibilités — démarche indispensable pour arriver à un certain degré de bonheur dans l'existence —, il faut abandonner les « faux blindages » dont on nous a souvent invité à nous revêtir — et qui sont généralement sources de troubles psychosomatiques (douleurs du dos, tensions diverses, distress* — il arrive alors d'avoir à expérimenter d'autres formes de souffrances, génératrices d'évolution**.

---

1. *Développez votre créativité*, Marabout MS 43.

* Voir p. 259.

** Les souffrances d'une personne OK sont toujours source d'apprentissage et d'évolution.

→ *Changer d'État du Moi*

Émissions plus adéquates de certaines transactions

Un progrès appréciable pour notre entourage et pour nous-même consiste aussi à changer d'État du Moi pour émettre certains messages.

→ EXEMPLE : pour marquer son accord, son approbation, ses désapprobations, en lieu des « messages normatifs » du Parent (qui d'ailleurs utilise souvent inconsciemment le *jugement* pour émettre une information).

> *« Ça ne vaut rien ! », « Tu n'es qu'un menteur ! »,*

utiliser les États du Moi plus appropriés que sont l'Adulte :

> *« Cette idée ne me paraît pas susceptible de nous faire progresser. »*
> *« Je pense que l'on avancerait de façon plus constructive si nous disposions des faits exacts et précis. »*

Ou l'Enfant :

> *« Je n'aime pas cette solution. »*
> *« Je suis fâché, parce que j'ai l'impression que tu me caches la vérité ! »*

Une façon très appréciable (pour nos proches et pour nous-même) d'évoluer : réagir à partir d'autres États du Moi

Nous avons l'habitude de réagir à partir de certains États du Moi préférentiels, mais nous pouvons **décider** d'évoluer en augmentant notre souplesse comportementale.

Dans cette fin de siècle, l'adéquation des réactions Parent se rétrécit d'une manière très importante, alors que beaucoup d'entre nous ont encore grandi dans des milieux éducatifs où les attitudes Parent prédominaient.

Par exemple, le milieu éducatif de ceux qui ont aujourd'hui plus de quarante ans a encore été très marqué par la tendance Parent à réagir à la vie selon un mode de jugement très *noir ou blanc* qu'il s'agissait d'enseigner aux jeunes générations.

→ EXEMPLE :
*« Quelqu'un **doit être** bien **ou** moche, OK **ou** non-OK. »*

De même pour les choses et les comportements.

On comprend que des générations *qui n'avaient pas beaucoup de moyens* pour réfléchir par elles-mêmes, aient abondé dans la recherche et l'emploi de systèmes de valeur très *« noir ou blanc »*.

Des systèmes de valeur que leur fournissaient — en *prêt à l'emploi* les institutions éducatives et religieuses.

Il faut en prendre conscience pour oser s'en dégager et confier davantage l'analyse de la réalité à notre État Adulte, ce qui revient à oser penser les choses, penser la vie par soi-même.

C'est une démarche qui nous révélera davantage et la richesse, et la complexité des choses et des gens, et nous amènera peut-être à prendre des positions moins carrées, plus nuancées :

> *Quelqu'un peut présenter certaines limites dans son développement personnel* ***et*** *d'autres aspects, d'autres talents, eux, très épanouis…*

De même pour les choses et les comportements.

Dans le même ordre d'idées, apprendre à percevoir et le monde et les autres avec son Enfant est, quand on n'en a pas l'habitude, une découverte extraordinaire (c'est le témoignage de nombreuses personnes et le mien qui me permettent de l'affirmer) et, dans la mesure où on arrive à « installer » en soi-même la capacité de se « brancher » volontairement dans son Enfant, face à de nombreuses réalités de la vie, un moyen merveilleux d'*apprécier* la vie et ses merveilles. Mon opinion est que les gens qui sont le plus capables de jouir, de profiter de l'existence, sont des personnes capables de très fréquemment percevoir, de capter, d'entrer en relation avec « ce qui n'est pas eux », à partir de leur Enfant.

C'est au moment où quelqu'un « évolue » sur ce plan qu'on reçoit habituellement de lui, des expressions imagées représentatives des effets produits par ce type de changement :

> « *C'est un peu comme si je retrouvais le merveilleux vécu dans ma petite enfance lorsque je recevais un cadeau de Noël tout à fait inattendu* » disent les uns.
>
> « *J'imagine ce que devait être l'émerveillement d'un paysan venant pour la première fois à Paris, et découvrant l'enchantement de l'Exposition Universelle dans les années '30* »

me disait un autre, découvrant sa capacité à assister à un concert « comme si » c'était la première fois de sa vie… !

Un domaine où Adulte et Enfant peuvent vraiment faire bon ménage : l'art

Qu'il s'agisse d'une pratique professionnelle, d'une pratique active en tant qu'activité de développement (mot que je préfère à celui, trop restrictif à mon sens, de loisir ou de hobby), d'un intérêt vécu en « récepteur » (plutôt que consommateur), la rencontre avec la vie artistique — sous toutes ses formes — est génératrice de développement pour notre Adulte et notre Enfant.

Et ce, quel que soit l'art considéré.

Et ce, quel que soit le degré d'engagement.

Faire de petits dessins sur une feuille, chantonner un air connu ou non, c'est déjà commettre une action *« différente »* de notre activité professionnelle (à moins d'être artiste de profession, bien sûr), de nos activités familiales ou sociales.

Admirer les œuvres du passé et du présent (je pense maintenant davantage à l'artisanat, à la peinture, à la sculpture, à l'architecture), c'est aussi enrichir notre compréhension du monde et des hommes, c'est donc accroître nos connaissances.

Lire des œuvres littéraires passées et actuelles, également.

De même qu'assister à de bonnes représentations de théâtre, voir de bons films, tout cela relève de l'enrichissement personnel. A la fois pour notre Adulte, puisque tous ces domaines « contiennent » énormément d'information.

Mais surtout pour notre Enfant, car c'est par la *sensibilité* de type esthétique que beaucoup d'entre nous progressent vers cette découverte d'une sensibilité globale aux autres, à la Vie (ou à l'Être du Monde).

Et pas de place pour le Parent ? Très peu, si ce n'est

pour nous encourager à chercher la qualité, l'éclectisme. C'est généralement le Parent qui nous dit « qu'on ne peut pas » — ou pire « qu'il ne faut pas » — s'intéresser à la fois à J.S. Bach, Bobby Lapointe, Wynton Marsalis, un air de biniou breton, une mélopée afghane, ou angolaise, un musette de Marcel Azzola, une antienne du chant sacré antique (pour ne prendre exemple que dans le domaine musical !) ou pour encourager nos enfants à s'intéresser ou à pratiquer une discipline artistique. (Mon expérience de vie me rend assez tendancieux sur ces questions. J'en ai développé un « préjugé » nouveau : il me paraît très équilibrant pour le psychisme et l'intellect de nos enfants de leur proposer — en plus de la pratique de la lecture — celles du théâtre et de la musique.)

Une recommandation encore : Devenez amateur d'art de la façon la plus éclectique, le plus rapidement possible ! L'ouverture à l'éclectisme demande un « rajeunissement » de notre Parent, de plus en plus difficile avec l'âge.

Pour mesurer l'intérêt de l'éclectisme, pensons à des créations humaines qui nous procurent beaucoup de satisfactions. Pensons ensuite au fait que certaines personnes ne connaissent pas celles-là, parce qu'elles ont des normes qui s'y opposent dans leur Parent.

L'éclectisme est une façon adéquate pour faire taire nos normes Parent réductrices.

Alors, les publications prochaines de Rabelais et de l'Oulipo (Ouvroir de Littérature potentielle), vous lirez ?*
La Vénus de Milo, dans le cadre du Grand Louvre, vous irez voir ?*
Une exposition Van Dijck et une autre, consacrée à Jackson-Pollock, vous irez aussi ?*
Une représentation d'après la commedia dell' arte et une reprise d'un Pirandello, vous en serez ?*
Un ballet classique et un ballet du XXe siècle, vous y serez ?
Au concert d'Herreweghe, mais aussi à celui de Stockhausen, je vous y rencontrerai ?*
Au prochain récital de chant contemplatif par Iegor Reznikoff, aux prochains concerts d'Archie Shepp, Steve Lacy, aussi…

En donnant, ces jours-là, congé à vos États Enfant Adapté et Parent Normatif.

L'accord entre l'Enfant Adapté (qui n'attend que des choses connues, familières) et le Parent Normatif (qui n'a que trop tendance à vouloir réglementer « ce qui se fait, se voit, s'écoute et ne se fait pas ») est un accord contraire à l'esprit d'ouverture, au développement personnel.

* Je sais, il y a des réalisations plus récentes très appréciables.

Plaidoyer contre la culture « Dallas »

Monique est une ancienne couturière qui est restée célibataire. Son ancien métier lui permet de « bien s'en sortir », grâce aux petits travaux de « raccommodage » qui lui sont commandés. Monique aime beaucoup sa télé.

Chaque semaine, elle attend avec impatience les trois magazines de programmes télé auxquels elle s'est abonnée.

Moins pour y opérer une sélection parmi les programmes que pour s'assurer que « Amours et passions » ne risque pas de toucher à sa fin. Que l'heure où passe « Flirts à San José » n'est pas modifiée et que l'« Agent MacLaine » continuera bien ses poursuites à travers les quartiers chauds de Miami…

Parce que Monique connaît ses chers feuilletons « par cœur ». Ses quelques rendez-vous (médecin, coiffeur) sont programmés aux « heures creuses » (« Ça devient difficile, il y en a de moins en moins ! » répète-t-elle à son épicier qui partage sa passion des « séries ». Autre caractéristique : dans son ancien métier, Monique était connue pour sa compétence, le sérieux avec lequel elle s'était formée. Certains appréciaient notamment son goût de la recherche de trucs et ficelles, enrichis par ses explorations auprès des vieux tailleurs et couturiers de la capitale. « Monique est une professionnelle très astucieuse », disait-on souvent d'elle.

Aujourd'hui, Monique s'empresse de terminer son travail, qu'elle accomplit comme un automate, afin de… vous avez deviné ?

Heureusement, Monique n'a pas d'enfant et n'est donc pas modèle d'adulte.

Et je ne voudrais pas être « empêcheur de *zapper* en rond » pour toutes les Monique de France, et d'ailleurs. Seulement, il y a un hic ! Heureusement pour nous que tous les zappeurs du monde ne se donnent pas encore la main ! Mon petit doigt (traduisez en AT : mon *Petit Professeur*) me dit qu'il y aurait grand risque à voir les programmes de télé être encore davantage *nivelés par le bas*. Et là, les choses deviennent plus graves ! Parce que c'est bien de « nivellement » qu'il est question.

Pourquoi ? se demandent encore certains.

Réponse : parce qu'il m'étonnerait fort que le cerveau des Monique — consommatrices de télé — s'entretienne positivement pendant la période d'ingestion de cette « nourriture ».

Parce que, tout comme Monique, nombreux sont ceux que ces « séries-à-épisodes » abrutissent, bien plus qu'ils n'éveillent.

Mais il y a plus grave encore : des études sur les répercussions de l'influence de la télé sur la vie des habitants des pays nantis, font apparaître de sérieuses baisses de rendement dans la créativité quotidienne.

Comme chez Monique, qui ne se sert plus de son ingéniosité dans ses travaux de couture, nombreuses sont les personnes chez qui on assiste à une baisse nette de l'attitude « entreprenante », « ingénieuse », dans les activités de la vie ménagère et familiale.

Nos cerveaux ont beau être des « super-ordinateurs » (comme indiqué plus haut, la plupart d'entre nous éprouvent quelques difficultés à l'occuper à plus de deux ou trois activités à la fois). Rares sont ceux qui développent leurs facultés créatrices pendant la vision — pour le moins *passive* — de ce que j'appelle *« la télé Dallas »*. Et c'est bien cela qui est en jeu dans le choix auquel beaucoup d'entre nous sont confrontés :

— soit *« affaler »* son cerveau dans la vision passive de programmes moulinés « pour-le-plus-grand-nombre » comme disent les patrons ou les responsables de chaînes télé ;

— soit sélectionner des programmes de télé qui font réfléchir, qui enrichissent la culture d'un sujet ;

— soit, donner moins d'importance à cette lucarne qui transforme les couples en *trouples* (ou le nouveau ménage à trois) comme disait je-ne-sais-plus-qui.

Vis-à-vis des jeunes générations, inutile de dire combien cet exemple est stérile !

Parce que le monde a besoin de créativité, notamment pour sortir des crises.

Et que le monde, c'est bien sûr nous !

Et que le monde de demain, c'est bien sûr, celui qui sera construit par la créativité de nos enfants !

Une créativité qui ne s'exerce pas en admirant *« Dallas »* et autres produits *« fast-look »*.

→ *A propos des États du Moi et de l'état du Monde*

Nous avons le choix de « brancher » l'État du Moi (ou les « lunettes » s'y référant) pour « apprécier », « considérer » les questions que pose la vie. Parmi celles-ci, l'une des plus virulentes que pose notre temps — et que l'on entend beaucoup dans les bars, les réunions, les cocktails —, concerne l'état du monde, en cette fin de XXe siècle :

> *« Les choses vont-elles ou non de mal en pis dans le monde ? »*

et l'« éternelle » question que cela sous-tend :

> *« Les hommes évoluent-ils ou régressent-ils ? »*

• Soit nous branchons nos lunettes Parent et nous y verrons — ce qui nous permettra de changer des *pastimes* très répandus comme :

> *« Les trains n'arrivent jamais à l'heure ! »*
> *« Les jeunes ne sont plus travailleurs, courageux, polis ! Ils n'ont plus le sens des valeurs !*
> *« Le monde va de mal en pis ! »*
> *« Les gens ne veulent plus rien faire ! Regardez la croissance du chômage, de la délinquance, de la consommation de drogue ! »*

• Soit nous branchons nos lunettes Adulte, et nous pouvons prendre les réflexions suivantes en considération :

> Si nous faisons l'analogie entre l'évolution d'un macrocosme (la planète) et celui d'un microcosme (une petite ville de province), cette opération peut « nettoyer » notre esprit d'analyse de toute une série de scories (qui sont en fait des contaminations de notre Adulte par les peurs catastrophiques — bien compréhensibles — de notre Enfant). Cela nous ramène à un diagnostic plus réaliste.
> Par exemple, dans la journée d'hier, à Braine L'Alleud, ou à

Montier, ou encore à Chibougamau, ce qui s'est vraiment passé de grave, c'est que M. X a été odieux avec sa femme, que Y a détourné quelques billets de la caisse du club sportif, que Z a gravement insulté W. Et l'on pourra retenir de cette journée, autre chose que le fait — certes, très grave — d'un « fou » ayant tiré dans la foule au stade Withey de San Francisco.

Devant la masse de plus en plus importante d'informations que nous offrent les médias (je dis bien « offrir », parce que qui c'est qui branche ou non la télé ? — ou bien avez-vous déjà fait de la nouvelle « règle » : *« Il faut regarder les infos à la télé tous les jours »* une norme nouvelle dans *votre* Parent ?), il nous faut apprendre à faire de nouveaux tris, de façon à ne pas laisser notre Adulte se contaminer par les impressions, les sensations de notre Enfant.

Il faut aussi considérer combien « évolutionnaire » (sans **r**) est le fait qu'une grande chaîne française (F2) invite un Grand Sage (le Dalaï-Lama) à exprimer ses considérations sur l'état du monde, à une heure de grande écoute. (Ça s'est passé le 31 octobre 93, à 12 heures, pour *L'heure de vérité*.)

Expérience renouvelée en décembre 93, où à l'occasion de la 200e de la « Marche du Siècle », sur France 3, Jean-Marie Cavada réunissait sur un même plateau, autour de la question posée ci-dessus, Elie Wiesel, Shimon Peres, Georges Charpak, Tony Morrison, Liv Ullmann, Michel Serres, Umberto Eco et Stephen Jay Gould.

Et pour cette année '93, n'est-il pas adéquat de considérer que l'histoire du monde gardera davantage le souvenir des deux événements marquants sur le plan de l'évolution que sont les rencontres Arafat-Rabin et De Klerk-Mandela que celui des malheurs humains qui n'ont pas encore trouvé de dénouements heureux ?

De la même manière, on peut analyser les informations sur

l'évolution des conditions climatiques et découvrir que les institutions météorologiques font état d'une nettement plus grande stabilité que les impressions « subjectives » de nos États Enfant.

Chez ceux que la société considère facilement — avec une dangereuse unanimité — comme les « pires » des hommes, il existe presque toujours des sentiments de respect (les mafiosi semblent respecter leurs familles, de grands criminels font souvent montre de gentillesse à l'égard de leur mère, etc.).

Et ainsi de suite…

Au travail de longue haleine qui consisterait à relever l'ensemble des faits pouvant démontrer à notre État Adulte la poursuite de l'évolution humaine, je préfère terminer ce paragraphe en vous livrant ces quelques réflexions que je vous invite à méditer :

« Serait-il possible de nier l'existence de l'air du fait de la pollution ? »

« Le monde est plein de gens qui ne sont pas […] sages. » (La Fontaine.)

« Nul n'est méchant volontairement. » (Platon.)

« A l'origine de tout comportement, il y a une intention positive. » (L'un des postulats de base de la PNL [1].)

« Demain ne sera pas comme hier, il sera nouveau et il dépendra de nous. Il est moins à découvrir qu'à inventer. » (Gaston Berger.)

Ce sont davantage les faits — objectivement — dramatiques du présent qui sont comparés aux impressions subjectives positives du passé (dans le passé, on est toujours plus jeune) qui sont les fondements de la morosité dans les considérations sur l'évolution du monde.

---

1. Voir Bibliographie.

9

PARLEZ-MOI D'AMOUR

OU DE L'AMOUR-FUSION À L'AMOUR-CROISSANCE, EN PASSANT (PARFOIS) PAR L'AMOUR-ORAGE

« Ils vécurent heureux et eurent beaucoup d'enfants… »

Qui, après en avoir pris conscience — ce qui n'est pas évident — oserait encore avouer, en cette fin de XXe siècle, que cette *belle phrase* (ou plutôt son esprit) qui termine les contes de fées, était encore présente dans sa tête le jour où il (elle) a décidé de former un couple ?

Très peu, quand bien même il leur faudra toute une vie pour s'en remettre.

Qui n'a pas éprouvé, en dehors de l'étreinte sexuelle — où elle est tout à fait normale — la sensation enivrante d'une fusion des âmes, d'une réunion des cœurs, de l'impression mythique de « ne plus faire qu'un » ?

Qui n'a cru — ne fût-ce qu'un seul instant — que *son* couple, son couple a lui, serait « béni des dieux », protégé par le hasard ou par la bonne conjonction des thèmes astraux de son partenaire, et de lui-même ?

Qui n'a pas — et ceci est encore plus difficile à accepter

par notre conscience vive — nourri le secret espoir que son couple serait un « nid » où se guériraient les blessures de la vie :

— celles de l'enfance à l'âge dit mûr (dont on a bien pris soin de ne pas s'occuper)* ;

— celles de l'âge mûr (les difficultés, les contradictions de la vie familiale, professionnelles, sociales, les difficultés du monde) ;

— celle de la solitude non désirée.

Et, comme le dit la psychothérapeute et conseillère conjugale Gisèle Bastin, ces jeunes couples que nous avons — presque tous — été ont rêvé de *« s'investir dans un moi commun, dans une illusion "idéalisée", dans l'espoir d'un ravissement qui devait durer toute la vie ».*

« Si le processus d'idéalisation est fondateur d'une relation, il est illusoire que chacun puisse s'y sentir aimé dans la mesure de ses attentes. » [1]

Or, chacun sait que ces illusions créent une *dépendance* incompatible avec l'indispensable besoin d'autonomie, nécessaire à l'évolution personnelle. On est dans une relation de type symbiotique. De fait, c'est bien souvent soi-même que l'on cherche à aimer à travers la première relation et cet investissement-là prend toute la place. Et le couple engagé dans l'**amour-mirage** va découvrir les premières crises de l'**amour-orage**.

> *« Je me sens prisonnier de toi, c'est encore pire que lorsque j'étais chez mes parents ! »*

Voilà l'une des phrases qu'entendent le plus les conseillers conjugaux, et les avocats.

Le réveil est pénible. Le prince charmant n'était qu'un

* Et tout particulièrement, celle du manque d'amour inconditionnel.

1. D'après des conférences données par G. Bastin, en 1993.

homme comme les autres, et la princesse, une femme comme tant d'autres.

Que leur est-il arrivé ?

Qu'ils en soient bien conscients ou non, ils ne supportent plus de *« dépendre de l'autre pour exister »*.

Alors, certains cherchent à briser — le plus rapidement possible — ces nouvelles chaînes, convaincus qu'ils se sont trompés de partenaire (« C'est l'autre qui n'est pas OK, bien évidemment »), et s'empressent d'en trouver un nouveau.

D'autres cherchent à comprendre, à saisir ce qui a bien pu leur arriver. Et, comme cette quête de vérité s'accompagne généralement de déchirements, ils découvrent l'**amour-orage**, dont les coups de tonnerre seront plus ou moins violents (être seuls à deux, l'un *à côté* de l'autre plutôt qu'ensemble, crises où s'affirment les vraies personnalités — et non les personnalités volontairement « embellies » des premiers temps).

Et si le couple arrive à accepter d'être fait de deux personnes *inachevées*, ils peuvent alors décider ensemble — une décision de l'adulte basée sur les sentiments de leurs États Enfant réciproques, d'orienter leur couple vers une *solidarité* concrète, et commencer à chercher ensemble « comment » injecter de la *créativité* dans la **construction** de leur couple (qui peut être envisagé, dès lors, comme la création commune d'une *« œuvre d'art »*). Ce couple découvrira alors l'**amour-croissance** et l'**amour-complice**, dans lequel deux personnes éprouvent le bonheur de s'entraider à ce que chacun des deux devienne *davantage elle-même*.

J'ai reçu beaucoup de demandes de clarification au sujet de l'amour.

« Finalement, c'est quoi l'amour ? »

A cette question — délicate parce qu'elle engendre souvent une question complémentaire :

> *« D'où vient l'amour, s'il est davantage que ce que certains en ont fait, pendant des siècles : une face noble (civilisée) de la pulsion sexuelle ? »,*

j'ai pour habitude de recadrer ce qui me paraît être à notre portée, d'hommes cultivés de la fin de ce siècle, et de proposer d'y substituer la question :

> *« Quand peut-on constater qu'il y a amour entre des êtres ? »*

Je reproduis ici la réponse publiée dans *A la Découverte de Soi* :

> Il y a amour d'un être humain à l'égard d'un autre lorsque le premier fait DON à l'autre de son attention, de sa bienveillance, de sa tendresse, de sa compréhension, de sa générosité affective — celle du cœur, et pas uniquement celle du portefeuille — sans calcul, dans un sens qui est favorable au bien-être et à l'épanouissement du second.

C'est dire qu'il n'y a vraiment de l'amour possible qu'entre personnes ayant une position de vie « Je suis OK - Les autres sont OK ».

« Merci pour ce rayon de soleil sur mes lèvres
Qui me délie la langue et m'incite à chanter,
Merci pour cette eau forte qui me guérit ma fièvre
De ses pleines gorgées de vigueur, de santé.
Je t'aime sans savoir et soutire ton lait
Qui me repaît de joie, qui ne saurait tarir,
Jamais tu ne croiras que tu m'as tant donné,
Tu m'as réenfanté et je voudrais te dire
Quand le jour où nous serons vieux,
Au dernier soir de notre hiver,
Tu sais, tu pourras être fière
D'avoir rendu un homme heureux

(Bernard Haillant)

(Avec l'aimable autorisation des disques SM.)

La réussite en couple : une indispensable alliance des 3 Etats du Moi

Il y a trop de difficultés — et même d'échecs — dans les couples de notre temps.

Certains voudraient en imputer la seule cause à la libéralisation des mœurs et à une certaine évolution des valeurs. Je reste partisan de la première et me réjouis de la seconde.

Je suis même de ceux qui pensent que les valeurs « traditionnelles » sont encore, pour beaucoup, responsables de trop d'échecs parmi les couples d'aujourd'hui.

Entendons-nous bien.

S'il est certain que nos aînés ont établi de bonnes « valeurs » pour la vie en société, il en est de plus insidieuses (surtout en rapport avec notre sujet) qui continuent à causer de profonds ravages parmi les couples du monde occidental.

Je les appelle ***« idées fausses »*** au sujet de l'amour et de la vie commune, qui prévalent encore — très souvent inconsciemment — dans la tête de nos contemporains.

Des idées fausses qui concernent presque exclusivement le Parent et l'Enfant Adapté des hommes et des femmes de notre temps, bien plus nombreux qu'ils ne le pensent, à s'être encore laissé « pénétrer » dans la tête davantage d'*idées fausses* que de conception justes et complètes.

Quelles sont ces « valeurs négatives » qui sont à l'origine de tels malentendus dans ce domaine si **essentiel** pour *une si grande part* des hommes et des femmes de ce XXe siècle ?

1. La « toujours étonnante » présence des conceptions romantiques : l'amour-qui-« frappe »-les couples ; l'amour qui durerait longtemps « comme par enchantement » et surtout,

2. La prédominance — de fait, même si, consciemment, peu l'admettent — de la Passion sur le Raisonné, laquelle entraîne avec elle un cortège de considérations destructives, à terme : c'est parce qu'on se permet la passion qu'en son nom on se permet — généralement après un certain temps... — de la jalousie et de l'agressivité à l'égard de l'autre ou d'un « rival ».

Ce qui revient à dire : la prépondérance de l'Enfant fou sur l'Enfant Libre, et sur l'Adulte.

Et *surtout* le mythe (l'un des plus indécrottables qui soit) qu'**une personne a réellement le pouvoir d'en rendre une autre heureuse**.

Je considère comme l'une des expressions les plus inquiétantes des limites de l'évolution psychique de l'humanité le refus de faire participer l'Adulte à quelque chose d'aussi important que l'engagement dans une vie de couple.

« — Mais, rétorque Claude Martin, *ne trouvez-vous pas que faire participer l'Adulte à cela, c'est traiter l'amour comme on traite des affaires ? »*

Je pense que cette façon de voir les choses est un *« cogitus interruptus »*, une façon de ne pas oser aller jusqu'au bout d'une réflexion sur ce qu'est, non seulement, l'amour, mais surtout, sur cette conséquence à laquelle il conduit souvent : l'engagement à vivre en couple, et à celui d'avoir des enfants.

3. La confusion entre amour et désirs.
Celle pouvant exister entre amour et seul désir sexuel étant généralement connue, c'est des autres formes de désirs — nuisibles à la création d'un couple réussi — qu'il faut parler :
— désir de paraître « normal » (c'est-à-dire, capable d'*avoir trouvé* un partenaire) ;

— désir de « présenter » aux autres un partenaire impressionnant* (à ses parents, ses amis, ses voisins) ;
— désir d'éviter une solitude pesante ;
— désir d'accéder à un statut (matériel, social, culturel).

Si certains de ces désirs peuvent encore être considérés comme relativement acceptables — parce que tellement répandus —, il est très regrettable qu'ils tiennent lieu, dans la tête de beaucoup, de « sentiment d'amour ».

En conséquence, il me paraît indispensable — pour réussir un couple :

→ De reconsidérer les valeurs Parent d'***élection*** et (très important !) d'***engagement***.

L'***élection*** signifie que l'on agisse en étant le plus attentif possible à ce que la personne avec laquelle on se propose de s'**engager** soit *réellement* (dans le sens le plus riche du terme) une personne ***élue*** (par son cœur — c'est-à-dire par son Enfant, et par sa tête — c'est-à-dire son Adulte).

→ De sonder, avec son Adulte, la qualité des sentiments et des désirs de son Enfant, pour proposer à son partenaire :

Un contrat d'engagement moral et affectif présentant le plus de chance possible de se transformer en amour durable

Je propose de présenter cet ***engagement*** à son partenaire, comme un « contrat » — parce que, dès qu'il s'agit d'engagement, il faut « oser » penser en ces termes Adulte.

---

* L'importance du choix d'un partenaire en fonction du « regard » des autres est un comportement acceptable de l'adolescence ; il est la marque d'une immaturité grave chez les individus d'âge adulte.

Il s'agit de proposer à l'autre de préciser en termes clairs et précis :

— combien l'on sait que « **rien** » ne « **dure toujours** ».

— combien un couple réussi est celui qui se base davantage sur une **construction complice** que sur les « ondes », les « astres » et autres conceptions mythiques proposées par les romans à l'eau-de-rose et les contes de fées se terminant par *« ... et ils vécurent très heureux »* ;

et aussi, que :

— la vie en couple ne protège pas des peines et des difficultés, mais qu'on s'engage à se soutenir, face à elles ;

— que cette **construction complice** demande à chacun de développer ses aptitudes relationnelles, parce qu'un couple réussi repose sur l'

Équation 1 + 1 = 3

Ce qui veut dire qu'en plus de l'attention que chacun portera à soi *et* à l'autre, il faut aussi que chacun s'engage à porter de l'attention à ce troisième élément qui ***est le couple*** lui-même ;

et encore :

— lorsque des problèmes se poseront, il sera nécessaire de s'y atteler avec créativité, sans espérer qu'ils se résolvent tout seuls, ou grâce au temps qui passe ;

— on est pleinement conscient de ce que **personne n'est — réellement — capable de rendre quelqu'un d'autre heureux** mais que si **chacun est bel et bien responsable de son propre sentiment de bonheur,**

Chacun peut offrir à l'autre des invitations à *partager* bonheur, joie et amour

— Il y a lieu d'abandonner encore cet autre mythe répandu, selon lequel « la liberté, c'est faire ce qu'on veut, quand on veut » sans considération des engagements pris, mais…

— Que c'est en agissant comme personne responsable, qu'on est pleinement libre.

— On sait bien combien un couple réussi, c'est l'« accord » entre deux personnes « autonomes », qu'il ne s'agit pas de fusionner les différences en un « nous deux » artificiel et dangereux.

— Que cette autonomie s'accompagne d'une liberté de chacun, indispensable à son développement personnel, dans le respect optimum de l'engagement réciproque.

— Qu'aucun être humain ne peut en « posséder » un autre.

— Que l'on restera fier de ses différences, et que l'on invitera l'autre à devenir chaque jour « davantage lui-même ».

— Que l'un n'a pas à contrôler l'autre ; qu'il ne peut être question de commandement et d'obéissance à l'intérieur d'un couple réussi, mais seulement de demandes et d'offres assertives[1].

— Que l'on s'engage à s'apporter mutuellement aide, protection, compréhension et soutien sincère face aux tristesses et difficultés de la vie.

— Tout comme à s'occuper de son développement personnel, à une remise en cause de ses idées, à une ouverture aux idées nouvelles.

— Ainsi qu'à soigner son corps — en gardant notamment son attractivité.

— Tout comme encore s'engager mutuellement à accep-

---

1. Voir *Oser Être Soi-même*, op. cit.

ter les « non » de l'autre parce qu'on sait combien cela conditionne l'offrande mutuelle des « oui ».

— Et aussi à être honnête l'un vis-à-vis de l'autre.

— Ainsi qu'à accepter mutuellement ses colères, ses tristesses, ses peurs, ses moments de dépression, de méforme, de maladies.

— Que l'on sait qu'il n'est pas possible de ne pas connaître de disputes, et que l'on s'engage, dans la mesure de ses moyens, à ne pas les transformer en déchirements, à y adopter une attitude digne et respectueuse de l'autre.

— Et qu'offrir son amour l'un à l'autre, c'est aussi montrer ses faiblesses, et que, dès lors, l'on s'engage à ne pas en profiter.

— Que l'on sait le passé de chacun lui appartenir.

— Que l'on s'engage à ne déménager qu'après négociation.

— Que le fait d'avoir un ou plusieurs enfants est soumis à une « appréciation » la plus complète sur ce que signifie cet engagement-là pour tous deux.

Et encore — un point très important — qu'il y a lieu de se méfier des « valeurs » plus ou moins conscientes sur toute une série de choses et de comportements considérés par l'un et l'autre comme *« allant de soi »*, et qu'il est prudent — pendant les deux à trois premières années de la vie d'un couple — de les verbaliser avec circonspection : *« — Pour moi — selon mes propres valeurs — il va de soi que… »*

Cette idée de « contrat d'engagement affectif et moral de couple » s'inspire de l'ouvrage d'un brillant transactionnaliste, le Docteur John Whitaker[1].

1. Voir Bibliographie.

Je ne suis qu'à moitié étonné de n'avoir pas encore vu son ouvrage traduit et édité en français. (Je pense que le niveau d'exigence Adulte qu'impose le « Contrat » complet, effraie encore trop les éditeurs francophones, ce qui est bien dommage.)

Dans sa version complète, le Docteur Whitaker conseille d'écrire ce contrat et de s'engager à le reconsidérer après quelques années.

Pour ma part, je conseillerai de le reconsidérer tous les 3 à 4 ans.

La première découverte de ce Contrat m'avait bouleversé, et réactivé un préjugé Parent selon lequel les « Américains » étaient « une fois encore, en progrès réel dans leur manière de vivre ».

Maintenant, il m'apparaît de plus en plus combien les couples américains ont à combattre les mêmes lacunes, les mêmes excès, les mêmes illusions, les mêmes erreurs… que, sans doute, beaucoup d'hommes et de femmes dans le monde !

Analyse transactionnelle des différentes formes de contrats de couple

La très grande majorité des couples fonctionne à l'intérieur de contrats *tacites*, souvent inconscients.

Plusieurs auteurs ont analysé une part importante de ces « contrats » entre membres de couples.

Voici comment se présentent la plupart de ces « accords » entre personnes :

Il existe :

- des contrats

- beaucoup de contrats symbiotiques (ou de codépendance)

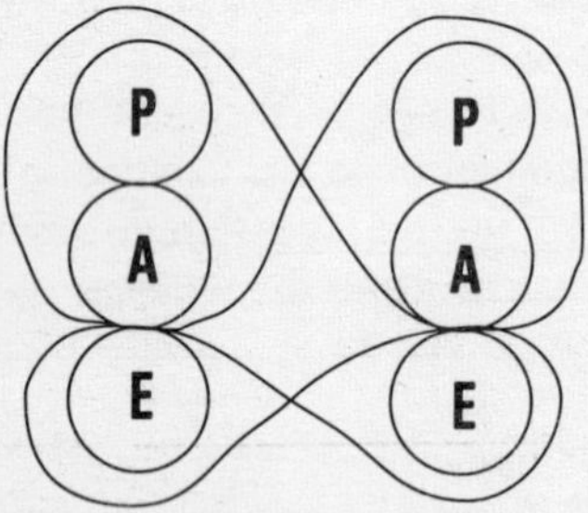

- beaucoup de contrats de scénarios (depuis les scénarios banals, jusqu'aux plus dramatiques)

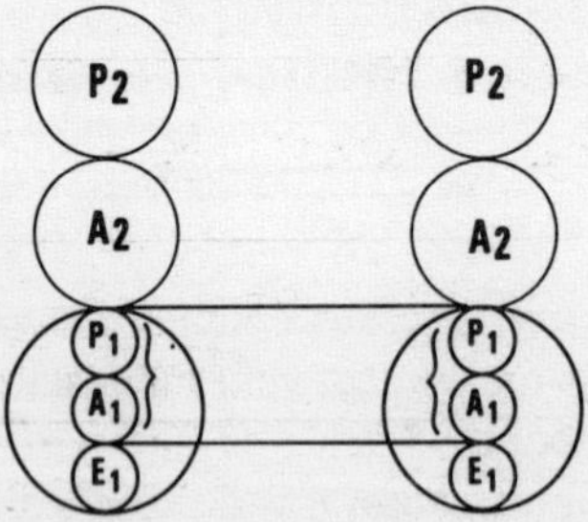

• malheureusement trop rares, les scénarios de (complicité dans la) joie

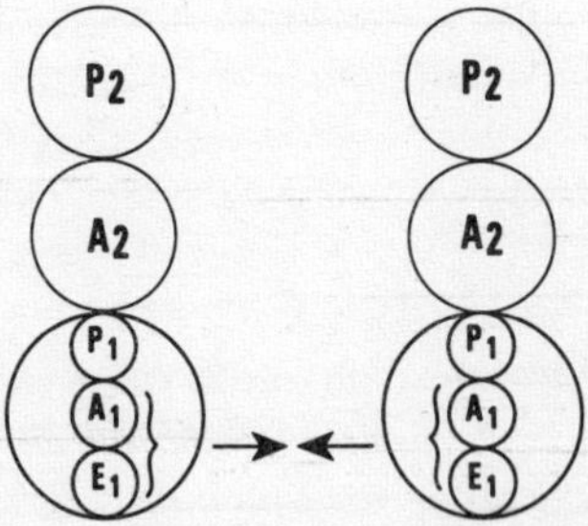

Toi et moi...

Nous nous rencontrerons un jour comme des étrangers, chacun portant en soi un mystère. Je ne peux pas dire qui tu es, peut-être ne te connaîtrais-je jamais complètement. Mais je suis persuadé qu'étant une personne, tu as le droit d'être toi-même, et que tu possèdes une beauté et une valeur qui sont le plus riche trésor de la Terre. Alors, voici ce que je te promets : je ne t'imposerai aucune identité, mais je t'inviterai à devenir toi-même sans honte et sans crainte. Je maintiendrai pour toi un espace libre dans ce monde et je défendrai ton droit à le remplir d'une vocation authentique.
Et aussi longtemps que durera ta quête, je te serai fidèle...

Théodore Roszak

FICHE N° 3

A propos des solitudes

Par Virginie Delattre

« Pourquoi avons-nous aussi peur de la nuit
Et de celle qui dort à ses pieds
Avec ses lancinants échos de vagues
La solitude
…
La nuit est aussi belle que le jour
La solitude aussi forte et vulnérable
Que l'amour

Jean-Yves Leloup

J'indique bien : à propos ***des*** solitudes, parce qu'il n'y en a pas qu'une seule.

« La Solitude », celle des chansons, des romans ou des films, c'est en général, celle qui se trouve être l'une des plus pénibles — celle qui suit, inéluctablement la perte ou la séparation d'un être cher.

Mais il n'y a pas que cette solitude, malheureuse, embrumée de tristesse, de souffrance et de stress.

Il y a la solitude transitoire, la solitude réparatrice, et surtout, la solitude volontaire prolongée.

• La solitude *transitoire*, comme son nom l'indique, est celle d'un moment, d'une durée limitée. Elle se situe souvent après un événement plus ou moins dramatique. Elle s'apparente à la solitude *réparatrice*.

• La solitude *réparatrice* est indispensable à la vie de chacun, pour *reconstruire* un élément de notre personnalité qui a été *blessé*, ou tout simplement *troublé* ou *dérangé*.

C'est le caractère positif de ce que Éric Berne appelait le *retrait*.

— *Moments plus ou moins longs qui suivent une activité assez agitée* (une réunion, un dîner aux nombreux convives, un concert aux décibels assez élevés, une participation à une activité exigeante, comme par exemple, un match en sport d'équipe, un effort physique ou intellectuel intense).

— *Moments pour se restructurer après une douleur affective* (perte d'un être cher, perte d'emploi, blessure d'amour-propre).

Ces derniers exemples sont en fait des situations où l'alternance de moments de solitude et de consultation de personnes bienveillantes est particulièrement indiquée.

• La solitude *volontaire prolongée* a ses adeptes.
Il s'agit bien entendu de considérer l'aspect *volontaire* de cette situation.

Ce qui la caractérise en premier, c'est qu'elle s'écarte de la norme dominante : la vie avec partenaire, ou encore la vie en famille.

De fait, il serait plus exact de parler d'*isolés-volontaires*. De personnes qui s'épanouissent dans cet isolement, dans ce choix volontaire, lequel n'est pas sans de sérieux avantages, que leur envient parfois bien des partenaires de couples engagés dans de faux-semblants de bonheur, qu'ils s'efforcent résolument d'*afficher*, pour tromper la galerie (parce qu'ils n'ont pas choisi réellement d'investir leur énergie dans la construction d'amour).

Parmi ces avantages :

— la sensation agréable de « liberté » d'action* ;
— la non-obligation de partage des variations d'humeur du partenaire ;
— le fait de choisir seul ses amis, ses invités — ce qui permet d'éviter ce que bien des couples considèrent comme « corvées » : les visites familiales, celles chez des collègues de travail qu'on n'apprécie pas trop, les amis de jeunesse du partenaire.

Notons que les *vrais* adeptes de la « solitude volontaire prolongée » — parce qu'il existe aussi des isolés non volontaires qui, toujours pour la galerie, feignent de se sentir heureux dans leur situation (j'en parlerai ci-dessous) sont des personnes qui mènent souvent une vie sociale assez intense : ils se caractérisent par l'attention portée à l'entretien de réseaux assez larges d'amitiés et de relations sur lesquels ils peuvent compter.

Ce sont en général des personnes au scénario vraiment gagnant, qui mènent une vie active et qui rencontrent beaucoup de monde.

• Autre chose est la situation de ceux et de celles qui se retrouvent dans la *solitude prolongée non volontaire*.

Il s'agit, la plupart du temps, non plus de personnes qui, comme dans le passé, *n'ont pas trouvé chaussure à leur pied* (une situation qui tend à disparaître, du moins, en Occident), mais de personnes ayant tenté et échoué dans l'expérience de couple ou de vie de famille.

> *Gabriel a 55 ans. Il a vécu en couple et a même eu trois enfants avec Arlette, laquelle « l'a quitté » (comme il dit) « pour refaire sa vie » (comme on dit) avec un autre homme. Depuis, Gabriel feint de vivre relativement bien, auprès de ses collègues, de ses amis, parmi lesquels certains « Sauveteurs » ont même essayé d'organiser de sympathiques*

---

* Dans la mesure où l'on est bien d'accord que « La liberté, ce n'est pas faire n'importe quoi, n'importe quand », celle-ci me semble souvent relever de l'illusion.

dîners d'amis, au cours desquels ils lui ont présenté l'une ou l'autre âme esseulée.
En vain, Gabriel feint de n'y être pas sensible.
Et de poursuivre son trajet solitaire, sans interlocuteur le matin, avant de partir au travail, sans personne à qui confier ses plaisirs et difficultés.
Comme bien des isolés non volontaires, Gabriel est surtout seul parce que la vraie proximité, il y est mal à l'aise.

Il y a des milliers de Gabriel (et tout autant de femmes) autour de nous.

Des hommes et des femmes qui « se retrouvent » dans la situation de solitude non volontaire et qui, un jour ou l'autre, regrettent de s'être laissé dominer par un échec, sans avoir osé refaire un autre essai. Et ils se sont retrouvés dans les rôles de « Victime » *(« Ah ! Je n'ai pas eu de chance dans la vie ! », « Je n'ai pas tiré le bon numéro ! »)*, quand ce n'est pas *« L'amour et la réussite sentimentale, c'est pour les autres »* ou de « Persécuteur » *(« Ah ! La garce ! Et si vous aviez vu pour qui elle m'a quittée », « On ne peut vraiment pas faire confiance aux hommes, aux femmes !)*

Tous ces hommes et ses femmes « s'enferment » (ce qui est plus juste comme vocable) dans une solitude qui leur pèse et, bien souvent, ils investissent un surcroît d'énergie à « sauver la mise » pour la galerie plutôt qu'à considérer qu'ils peuvent :
— tirer les fruits de leurs expériences passées, et
— décider d'apprendre à *construire* une nouvelle relation.

Comme le dit Pascal Traube, *« La solitude* [non volontaire] *apparaît lorsque je nie la possibilité qui est mienne de changer. »*

• Enfin l'une des formes les plus pénibles de solitude, me paraît être celle des différentes manières d'*exclusion* qui marquent cette fin de siècle : exclusions sociales, telles que le chômage ; exclusions dues à la divergence par rapport aux modèles triomphants pendant ces années 90 (beauté, richesse, santé, jeunesse).

Et dès lors, ce sont les personnes qui appartiennent à ce que l'on nomme « Troisième âge », qui, avec les chômeurs, souffrent sans doute le plus de ce type d'exclusion.

Face à ces solitudes, une attitude gagnante consiste à offrir sa tendresse, sa bienveillance et surtout, son écoute.

Une écoute faite davantage à partir de notre Enfant, que celle de notre Adulte (sauf quand l'intention est de prendre en charge certains problèmes de la personne concernée, ce qui demande alors de disposer d'un certain nombre d'informations).

Alors, comme le dit Françoise Dolto : *« La solitude, amie inestimable ou ennemie mortelle ? »*

Là aussi, nous pouvons agir auprès des autres.

Là aussi, nous pouvons adopter une attitude pour aider certains de nos contemporains à ne pas perdre leur dimension **gagnante**…

→ *A propos des petits et des adolescents*

Les lecteurs et les commentateurs de mon premier ouvrage sur l'AT ont compris que l'essentiel de mon expérience professionnelle se situait dans le monde adulte, notamment professionnel.

Deux questions me sont cependant fréquemment adressées :

> *« Comment faire pour éduquer des petits sur le plan sexuel ? »*

et

> *« Que faire pour ne pas connaître de difficultés avec des adolescents ? »*

Les petits

La première question, j'en ai confié la responsabilité à une jeune Enseignante à la Vie, ayant une expérience de rencontre avec de jeunes enfants de l'enseignement primaire.

Vous trouverez ci-dessous une fiche, écrite par Virginie Delattre.

> L'acte le plus généreux, le plus politique, le plus (r)évolutionnaire qui soit à la portée de beaucoup d'humains me paraît, de plus en plus, être **le don d'amour inconditionnel donné aux petits enfants**. C'est le plus beau germe de bonheur que l'on puisse leur offrir, à eux et à l'humanité qui nous succédera... !

FICHE N° 4

La Sexualité et les petits

Par Virginie Delattre

Il est assez souvent demandé à des éducateurs « spécialisés » de définir une sorte de programme comparable à un kit de montage.

Un « Do-It-Yourself » de l'éducation sexuelle destinée aux jeunes parents, une *« explication »* relative à ce « sujet ».

Je crois que c'est la notion d'« explication » qui pose problème.

C'est là un effet de la culture occidentale qui nous conditionne à « survaloriser » les aspects intellectuels de la vie, en voulant précisément *tout expliquer, en voulant traiter toute réalité par le biais d'une explication rationnelle,* voire *technique.*

Une démarche qui omet souvent le corps, or chaque étape de l'*éveil* sexuel se vit au travers des expériences différentes du corps : être nourri, être caressé, contrôler ses sphincters, etc.

C'est par ce qu'on peut nommer « l'expérience élémentaire du corps » que le petit d'homme connaît cet éveil.

Par ce qu'il vit et ressent lorsqu'il est baigné, lavé, langé, etc. Par le ressenti des sensations corporelles de chaud, de froid, par les expériences du toucher de différentes textures, de différentes matières.

De plus, c'est l'exemplarité qui présente ce qu'il y a de meilleur, pour tous les aspects de l'éducation des enfants, y compris ceux de l'éducation aux réalités affectives, comme aux réalités sexuelles — lesquelles ne sont qu'une partie des réalités de l'existence, où, dans le meilleur de cas — celui que vous désirez sûrement pour **votre** enfant — ces réalités sexuelles se trouvent être l'une des formes d'expression de la vie amoureuse, ou vie affective de grand adolescent et adulte.

Et dès lors, plutôt que de chercher un *Traité d'éducation sexuelle à l'usage des enfants*, les parents ont intérêt à davantage se poser à eux-mêmes des questions telles que :

« Comment vivons-nous notre sexualité ? Notre nudité ? Qu'exprimons-nous par rapport à notre sexualité en présence de nos enfants ? »

Des questions qui visent à observer nos comportements plutôt que des « discours » relatifs à, ou sur, la sexualité.

Il importe de comprendre — et ceci est valable pour tous les aspects de l'éducation des enfants — qu'il n'y a pas vraiment de questions « difficiles ». Et si nous en trouvons certaines « gênantes », c'est en général, lorsque nous-mêmes, parents, n'avons pas (encore) de réponses satisfaisantes. (Pour preuve, nous connaissons pratiquement tous un « domaine » dans lequel nous excellons — en matière d'éducation — et où nous pouvons observer qu'il pose problème à d'autres.)

Ce qui est important à souligner, c'est la différence entre sexualité et sensualité.

« Jouer au docteur », explorer son corps, le comparer à d'autres, découvrir par soi-même les différences entre garçons et filles, constituent un enseignement visuel, tactile, auditif et olfactif qui se trouve être le meilleur apprentissage qui soit. C'est-à-dire le plus sain, psychologiquement et physiquement. Ce qui veut aussi dire l'apprentissage le plus susceptible de faire évoluer les enfants vers une adolescence, puis un âge adulte sain et heureux.

Autrement dit — ce qui peut présenter quelque difficulté, étant donné l'énormité des erreurs qui ont accompagné le développement sexuel d'un grand nombre de ceux qui sont les adultes d'aujourd'hui — **il est important de considérer le petit d'homme, puis l'adolescent, comme un être *sexué* qui a le droit et le besoin — dans un cadre affectueux et respectueux — d'*exprimer* sa sexualité**.

L'enfant traverse trois stades lors de son développement sexuel.

- **Le *stade oral*** est celui du nourrisson.

L'allaitement constitue son premier événement *sensuel*. Une toute première satisfaction importante est celle de la tétée, laquelle conjugue *plaisirs* du contact physique et de la satiété. (Il peut être important de saisir la portée d'une telle satisfaction dans la vie des tout-petits : l'association du contact corporel le plus chaleureux qui soit et la sensation de plaisir à se nourrir). Le corps du bébé est d'emblée pourvu de surfaces capables de procurer du plaisir.

Ce sont celles qui sont nommées *zones érogènes*.

La partie du corps qui procure le plus de plaisir au nourrisson se situe d'abord au niveau de la bouche, ensuite au nez, aux yeux, ainsi que les papilles gustatives lors de la tétée.

Il importe donc, pour une bonne éducation à la sensualité d'abord, à la sexualité ensuite, de prendre en considération cette première satisfaction érotique buccale, en laissant le nourrisson « prendre ce plaisir » auquel il a droit.

• Le deuxième stade correspond à la deuxième et à la troisième année du petit d'homme et est appelé *stade anal*.

La zone érogène devient alors l'anus.

L'enfant gagne, à cet âge, la capacité de contrôle musculaire et la défécation devient source de plaisir.

On sait combien la psychanalyse nous a averti de l'importance de l'attitude des parents vis-à-vis de ce premier *échange social* qui se vit alors sous une forme symbolique.

Les excréments, dont l'éjection devient la première *monnaie* (que l'enfant ressent comme étant l'absolu « producteur ») qu'il puisse « offrir » à ses parents qui « apprécient » ce cadeau.

Rappelons ici l'importance de ce premier échange qui, pour la plupart des individus, modèle — souvent pour la vie — la façon dont ils vont pouvoir devenir généreux d'une part, et secondairement, ce que sera leur rapport à l'argent.

• Le **stade *phallique*** débute aux environs de trois ans et dure jusque vers cinq ans. C'est l'époque où le petit garçon prend plaisir à toucher son pénis et la petite fille, son clitoris. La *masturbation* est un moyen de décharger les tensions ressenties par les enfants.

C'est généralement au stade phallique que les enfants commencent à poser la question de savoir d'où ils viennent.

Une erreur transmise par les générations qui précèdent — comme appuyée par cet excès d'importance donnée à la rationalité, en Occident — consiste à vouloir préparer pour cet âge *« la grande explication »* que, secrètement, beaucoup de parents espèrent définitive.

A tous ceux qui connaîtraient encore cette tentation, je dis qu'il est de toute première importance de ne pas anticiper la demande, mais de respecter la découverte et l'évolution propre à l'enfant. (Ils sont, en ce qui concerne le rythme des étapes de cette évolution, si différents d'un enfant à l'autre.)

On aura compris qu'il est préférable d'offrir à l'enfant des précisions selon son rythme.

Et ce, de la part des deux parents (la psychiatrie est riche de cas de difficultés sexuelles dues à l'absence d'un des deux parents, sur ce plan).

Ce sont des moments où il importe de s'adresser à l'État Adulte de l'enfant, avec des mots et des explications d'adulte. Mais le rôle d'éducateur — que tiennent les parents — connaît aussi des limites : Qui peut prétendre pouvoir **tout** connaître ? Il importe donc aussi, à ce moment de l'éducation, d'accepter ses limites et d'en informer le petit par un message l'encourageant à poursuivre ses propres recherches : *« Je ne sais pas tout. Toi et moi devons continuer tout au long de notre vie à chercher des réponses aux questions que nous nous posons ! »*

Il importe, à l'occasion des interrogations d'un enfant, de lui suggérer la « valeur » selon laquelle il est intéressant — et souvent agréable — de vivre tout simplement en expérimentant par soi-même ses propres sensations et perceptions.

Permettre à un enfant d'aller à la rencontre de son corps, lui permettre d'évoluer et de s'enrichir au contact de l'eau, de la terre, et du regard d'autrui, favoriser cet apprentissage par l'intermédiaire de l'expérience, c'est accorder de l'importance aux expériences non verbales, non rationnelles.

Cette attitude parentale est celle qui permet le meilleur développement. En tant que parent, oser parler de ses expériences de plaisirs. Les différentes formes de plaisirs sont difficiles à « verbaliser », mais il importe de faire savoir à ses enfants que non seulement elles existent, mais que ***« C'est bien d'en vivre** sur tous les plans, comme le font Papa et Maman... »*

En conclusion, je dirai que les propos développés ci-dessus, plutôt que de fournir un « Do-It-Yourself » verbal, tendent à inviter les parents à permettre, à favoriser la découverte non contraignante (pas de Parent Normatif autoritaire, ni d'Adulte explicatif sur un mode austère professoral !) par le petit de son propre corps, des réalités relatives à la sexualité (**qu'il vit**, qu'on le veuille ou non*, dans la chaleureuse protection du Parent Bienveillant, avec de courtes apparitions de l'Adulte (juste pour répondre aux vraies questions Adulte du petit) et la complicité affectueuse de l'État Enfant des parents...

---

* Il se peut que certains parents regrettent un temps où « il n'était absolument pas question de ça ! » J'invite ces parents-là à ouvrir les yeux et à s'interroger — en prenant l'avis de quelques vrais amis, ou d'un spécialiste de l'Éducation — sur la question de savoir si le monde actuel permet encore d'adopter cette attitude.

Les adolescents

• En ce qui concerne la question relative aux difficultés avec les adolescents, je répondrai que ce sont les outils de **la Méthode Gordon** [1] (Écoute Active, Message-Je, A qui appartient le problème, Résolution de problèmes sans perdant) qui me paraissent le plus à même de prévenir les difficultés dans les relations avec les adolescents.

• Et aussi, **deux principes essentiels** :

1. Remplacer la parole au sujet de l'adolescent — qui est souvent du Parent Normatif Critique *(« Tu es un paresseux », « Tu as encore laisser traîner tes affaires »)* **par un message, adressé à l'adolescent** — de l'Adulte et de l'Enfant (« Quand tu fais telle chose, alors j'ai peur de — puis, parler de sa peur à soi, pas de ce que l'on craint pour lui).

2. Remplacer la relation d'autorité et de soin *(« Mets ton écharpe pour sortir, il fait moins 10 », « Rentre avant 10 heures, sinon gare)* **par une relation d'échanges sur nos vrais mobiles qui sont souvent des sentiments, ou des projets à nous** *(« Je te demande de mettre une écharpe, sinon j'ai peur que tu t'enrhumes. Je devrai alors rester à la maison pour te soigner, et dans ce cas, j'aurais peur d'être jugée comme une mauvaise mère. »*
« Je te demande pourquoi tu veux aller seule à la côte. »)

---

1. *Parents efficaces*, par Thomas Gordon, Marabout n° 3102.

10

LES DERNIÈRES ÉTAPES

C'EST QUOI, VIEILLIR?

« Dis, papa, c'est quoi vieillir ? » demandait Félix, 4 ans. Je suis assez porté à croire que, contrairement à une opinion qui a prévalu des siècles durant, cette question est beaucoup plus « difficile » que celle concernant la sexualité, ou celle concernant la conception.

C'est que répondre valablement à cette question implique que l'on considère la « fin du vieillissement », la mort.

Or, si l'on parle beaucoup aujourd'hui de « la mort de la mort », je ne pense pas que les considérations spirituelles qui entourent cette « redéfinition » (au sens non transactionnel) satisfassent tous les esprits.

Je tente donc de définir ce ***vieillissement***.

Le vieillissement est un phénomène vital et naturel. Tout ce qui vit dans l'univers naît, vieillit et meurt. Des étoiles à l'homme, en passant par les minerais, les végétaux et les animaux, rien n'échappe à ce phénomène inéluctable. Le vieillissement humain se caractérise par une série de *transformations* observables :

— des *transformations physiologiques*. Ce sont les plus connues, celles qui affectent notre organisme ;

— des *transformations psychologiques*, qui affectent le fonctionnement de notre cerveau ;

et enfin, en tant qu'espèce sociale :

— des *transformations sociologiques* qui affectent les rapports entre l'homme et son environnement social.

Les humains ne sont pas égaux devant le vieillissement : les *facteurs héréditaires*, l'appartenance *à un groupe géographique donné* influencent notre « programme personnel de vieillissement ». Mais il est un point important sur lequel tous les experts s'accordent :

Ce qui influence le plus notre vieillissement personnel, c'est notre façon de vivre.

Le vieillissement dépend essentiellement de deux types de données fondamentales :

— celles dues à notre *hérédité*, contre laquelle, on ne peut pas grand-chose ; et :

— celles dues à notre *environnement* et à nos *modes de vies*, où nous avons un rôle déterminant à jouer, notamment sur les plans *alimentaires* et sur l'entretien de notre patrimoine physique *(exercice, sommeil)*.

Un peu plus de précision...

Le mécanisme du vieillissement : des « explosions atomiques » dans notre corps !

Notre corps « contient » des milliards de cellules.

Si vous n'étiez pas « malade » le jour où le prof a expliqué ce que sont les molécules qui forment les cellules, vous avez retenu que celles-ci sont à leur tour formées d'atomes. Lesquels sont à leur tour formés d'un noyau autour duquel gravitent des électrons.

C'est au niveau de ces électrons que la science d'aujourd'hui a repéré un « mécanisme » jouant un rôle primordial dans le vieillissement.

Les électrons obéissent à des lois d'« accouplement » nécessaires à l'équilibre physique et chimique de chaque atome.

Pour des raisons encore mal connues, certains atomes contiennent des électrons « célibataires », vagabonds qui sont appelés *radicaux libres*. Par un mécanisme complexe, cette « solitude » provoque de véritables « explosions chimiques », voie par laquelle l'atome agit comme s'il cherchait à réguler cette situation.

Ces explosions ont pour effet de détruire la mécanique cellulaire, et provoquent sa cancérisation, son vieillissement et finalement sa mort*.

Mais, depuis que l'on connaît mieux ce mécanisme de vieillissement, on sait mieux encore combien une vie saine peut accroître nos mécanismes naturels de défense contre ces radicaux libres.

---

* Pour de plus amples informations, voir *La nouvelle éternité*, Gabriel Simonoff, *Grasset*, 1993.

Contre le vieillissement ? La vie saine !

Quelles en sont les caractéristiques ?

• La recherche d'une bonne oxygénation

Alphonse Allais nous avait averti : il eût mieux fallu construire les villes à la campagne !

Mais puisque tout le monde ne peut donc pas habiter « au vert », il faut pratiquer des exercices respiratoires, en plein air. La *marche* et la *gymnastique* (ainsi que la pratique du vélo et de la natation en eau non polluée) sont les exercices les plus susceptibles de produire une bonne oxygénation.

Comme on sait que l'exposition au soleil est cancérigène, mais par ailleurs bénéfique à l'organisme, on évitera les expositions de plus de 15 minutes.

• Des abstentions salutaires ou... savoir ce qu'on veut : « un p'tit dernier pour la route » ou vivre longtemps

Même recommandation d'abstention — totale, cette fois — vis-à-vis du tabac.

L'absorption d'alcool doit, elle aussi, faire l'objet de modération.

La prise de substituts alimentaires doit encore suivre la même loi.

Quant à la prise de médicaments, faut-il rappeler son incompatibilité évidente avec ce qui s'appelle « vie saine » ?

- **Un régime appelé bipolaire**

Le régime bipolaire est un régime hypocalorique visant à atteindre une réduction de l'ordre de 10 % de son « poids d'équilibre ». (Le poids d'équilibre d'une personne est le poids naturel d'une personne adulte compte tenu de son hérédité et des habitudes alimentaires de son milieu.)

Dans la conception de ce régime, il faudra être attentif au bon équilibre des apports en *vitamines A, C et E* et en *oligo-éléments*.

(C'est parmi ces derniers que figure le *sélénium* dont on sait aujourd'hui qu'il est l'un des agents les plus efficaces pour lutter contre la formation des radicaux libres — Attention ! Il ne faudrait que 50 à 200 microgrammes de sélénium par jour et le poisson, les œufs, les huiles, les viandes et les produits céréaliers en sont riches.)

Seulement, les façons de se nourrir ont mal évolué, et les agriculteurs absorbent environ le double de sélénium des cadres parisiens.

- **Un sommeil réparateur**

Le vieillissement « se nourrit » des soirées tardives.

- **Une attention portée aux soins de la peau**

C'est l'utilisation d'émulsions constituées par addition d'eau dans de l'huile, qui sont les plus opérantes.

- **Une activité sexuelle maintenue**

Davantage alimentée par le désir, accompagné de tendresse, que par la recherche de sensations nouvelles, lesquelles appartiennent, plus logiquement, aux débuts de la vie amoureuse.

• **Un contrôle organisé et assez régulier sur le plan médical**

En fonction de sa confiance en la médecine organisée ou dans une pratique parallèle.

Vieillissement en termes d'AT

En termes d'AT, on peut aussi parler d'affaiblissement de l'énergie vitale de l'E, lequel entraîne un endormissement de la vigilance de l'A, qui entraîne facilement à son tour un redéploiement des aspects les plus négatifs du Parent Normatif (c'est le retour aux préjugés « anti-tout », emmagasinés inconsciemment pendant les années d'enfance) et de l'Enfant Adapté « rouspétant » et « ronchonnant » à propos de tout et de rien.

Des décisions et des permissions à (re)prendre

• Oser désinvestir dans les « dépenses énergétiques » de représentation : Il n'est peut-être plus nécessaire d'avoir un intérieur « prêt à accueillir un Premier ministre ».

• Oser la « coquetterie juste » — celle où l'on ne se ridiculise pas à chercher à paraître moins que son âge, celle qui indique aux autres que l'on reste inscrit dans le Cercle des Vivants.

• Oser jouer avec ses petits-enfants, ses arrière-petits-enfants, à ce qu'*ils* souhaitent quand cela est possible ; à des jeux de société à leur portée…

• Oser raconter ses propres souvenirs d'enfance.

Cette pratique offre un aliment psychologique indispensable à la mémoire des générations futures.

• Décider de conserver une personnalité riche, autonome et libre.

• Décider de découvrir et d'apprécier (jusqu'à son dernier jour) ce qui est autre que soi.

• Décider de rester curieux de la vie et de ses beautés, de ses mystères. Chez Léonard de Vinci et Picasso, c'est aussi un secret de longévité.

• Décider de se maintenir en activité (sur un ou plusieurs plans). (Les activités d'entraide sont hautement recommandables.)

En particulier sur le plan mental, on sait que l'inactivité est facteur d'accélération des processus de vieillissement.

• Oser faire des «projets» (en pensant à ses enfants et petits-enfants).

• Décider d'entretenir une vie sociale d'amitiés et de rencontres (l'inactivité — en particulier sociale — est l'ennemie de la longévité heureuse et épanouie).

Y partager et faire partager ses expériences (de tous types).

• Décider de chercher et d'entretenir les joies de l'existence. (Les plus épanouissantes sont celles qui sont partagées.)

• Décider de poursuivre sa propre recherche des valeurs universelles communes à tous les humanistes sensibles à l'évolution spirituelle, sans rejet, sans exclusion raciale, sociale ou confessionnelle pour s'associer aux hommes de bonne volonté qui forment une véritable *fraternité universelle*.

Comme le dit le professeur Marius Audier, gérontologue réputé, et auteur de *Vieillir Jeune*[1] : *« L'activité intellectuelle, l'attitude morale et la spiritualité luttent contre les rides de l'âme, plus importantes que celles du visage. »*

« Que le jour où nous serons vieux,
Au dernier soir de notre hiver,
Le jour où les yeux dans les yeux
D'un baiser nous quitterons la terre,
Oh tu sais tu pourras être fière
D'avoir rendu un homme heureux »

Bernard Haillant
(Avec l'aimable autorisation des disques SM.)

« A 82 ans, tous les jours sont anniversaire. »

Stéphane Grapelli, violoniste

1. Éditions Le Temps Parallèle, 1989, Marseille.

→ A propos de la mort

Au sujet de cette réalité qu'on dit grave, mon Enfant a été impressionné par cette question :

> *« Qu'est donc la mort pour une chenille ? »*

Et je vous propose aussi de méditer sur ce message de l'Ange, recueilli par Gitta Mallasz [1] :

> *« Naissance et mort sont couple, et non vie et mort,*
> *Ici l'âme se trompe — lorsqu'elle a peur —*
> *Car la Vie vit éternellement. »*

Et encore, de Jean-Yves Leloup :

> *« La seule chose que la mort ne pourra nous enlever, c'est ce que nous aurons donné. »*

Et enfin, cette chanson, composée par Bernard Haillant, à l'occasion du décès de son père (p. 250) :

---

1. *Dialogues avec l'Ange*, Aubier 1990.

« A Gaston Haillant, Crâne-Blanc

D'une mort douce

Comme s'éloigne un bruit de pas,
Comme une vague se retire,
Comme une brume se délie,
Comme se taisent les rumeurs,

Une mort douce...

Comme un soleil d'été se fane,
Comme un épi trop lourd se penche,
Comme la feuille se détache
D'un arbre qui reste debout

Une mort douce...

Comme une flamme qui vacille,
Comme une bougie qui s'éteint,
Ainsi qu'une larme qui sèche
Sur un visage consolé,

Elle vint sur la pointe des pieds
Elle te prit sans te réveiller...

(Avec l'aimable autorisation des disques SM.)

→ A propos des processus de deuils

La grande majorité des médecins, psychologues et autres spécialistes de l'humain s'accordent aujourd'hui pour reconnaître que l'individu privé (brutalement ou progressivement) de quelque chose qui lui est cher, subit un *déchirement émotionnel* qui demande réparation. Cette « réparation » se fait selon un cheminement, une série d'étapes.

Ce processus est décrit dans de nombreux ouvrages spécialisés. Je ne mentionnerai donc que quelques recommandations, en rapport avec cet ouvrage.

En premier lieu, il importe de considérer combien les jugements du Parent Normatif, ou les analyses « réalistes » de l'Adulte sont assez inadéquats, face à la souffrance qu'éprouve une personne, face à une perte.

Les « Une de perdue, dix de retrouvées ! » de nos ancêtres n'ont généralement provoqué que de la rancœur dans les cœurs de tous les amoureux déçus.

Une perte est une perte.

En cela, c'est une douleur pour l'Enfant. Et ce, quel que soit l'*objet** de la perte : qu'il s'agisse d'un petit animal, d'une relation, d'une partie de son corps ou d'un objet matériel.

C'est un moment où la pertinence de l'appel de cet État en nous qui « contient » nos émotions — l'État Enfant — démontre l'adéquation de son appellation, que la personne blessée dans son État Enfant soit âgée de 3 ou de 93 ans.

---

* En psychologie, l'utilisation de ce mot « objet » n'est en rien irrespectueux de la réalité humaine. Son synonyme le plus rapproché serait le mot « chose ».

11

ET QUELQUES « RUBRIQUES » ENCORE...

→ *A propos des illusions*

« Je me fais des illusions. »

Il me semble que l'un des rares cas où l'on entende quelqu'un tenir ces propos, c'est lorsque cette personne exprime avoir été déçue par quelque chose, ou quelqu'un d'autre. Ces propos sont alors utilisés au passé :

« Je me suis fait des illusions. »

Parce qu'il est très difficile de prendre conscience de ses illusions avant même qu'elles ne se révèlent comme telles, avant même que la « dure réalité de la vie » ne rappelle à l'ordre celui (ou celle) qui s'en était nourri.

TEST : VOTRE MAISON IDÉALE

Pour garder l'intérêt d'une découverte spontanée des conclusions de ce test, interrompez ici votre lecture et donnez à lire les instructions ci-dessous à une personne bienveillante de votre entourage.

Instructions pour l'*animateur* du test

Choisissez un moment de détente pour lire, à votre interlocuteur, les instructions suivantes, sur un ton posé et assez lentement :

1. *Détends-toi au mieux, détends tes jambes, tes épaules, mets-toi bien à l'aise dans ce fauteuil.*

2. *Si possible, ferme les yeux, parce que je vais te demander d'imaginer une situation.*

3. *Voilà la situation : lorsque tu étais petit, il y avait certainement des livres que tu préférais à d'autres... souvent des livres d'images... et il y en avait sans doute qui racontaient des histoires se passant dans ton pays... plus ou moins vers l'époque où tu étais petit... et il y en avait qui racontaient des histoires de famille... essaye de te souvenir de l'un d'entre eux que tu appréciais particulièrement... il y en avait, sans doute, qui proposaient, en début d'histoire... une image globale d'une famille... habitant sous le même toit... essaie de t'en souvenir... regarde attentivement cette première image de livre... savoure les détails... il y avait souvent un père, une mère... deux ou trois enfants... que font-ils ?... quelle est leur occupation ? probablement Papa lit-il son journal, assis dans son fauteuil... probablement Maman s'emploie à l'une ou l'autre activité « ménagère »... les enfants jouent... ou lisent... s'il y a une fille, elle bichonne probablement sa poupée... s'il y a un ou deux garçons, probablement s'affairent-ils autour d'un jeu de construction... savoure l'image... rends-toi compte combien elle te plaît...*
   Nous allons maintenant quitter ce bon souvenir, et revenir dans la pièce, ici et maintenant.

Fin du test.

Vous pouvez reprendre votre lecture.

• Je vous invite maintenant que vous êtes encore empli de ce très beau souvenir, à prendre conscience de la façon dont cet intérieur vivant est très probablement devenu votre ***« maison idéale »***, idéale, du moins dans votre tête. A moins que vous apparteniez à cette population farouchement rebelle (10 à 15 % de la population, selon T. Kahler), cette imprégnation d'image a probablement dû se passer, pour vous, comme elle s'est passée pour des millions d'Occidentaux, nés entre 1910 et 1960.

Or, ce qui caractérise cette image, par rapport à notre propos, c'est que « tout baigne », dans cette maison, tout y est relativement calme, et si même les enfants s'y chamaillent « un peu », jamais — au grand jamais — personne n'y voit les parents se disputer !

Vous en connaissez beaucoup, vous, des parents, ayant deux ou trois enfants, qui ne se disputent pas ?

• Si vous avez joué le jeu, c'est-à-dire, si vous avez suivi les consignes du test, je vous invite alors maintenant à prendre conscience de la façon dont cette image « idéale » a habité votre esprit pendant combien ? 20, 30 ou 50 ans... Et de prendre conscience qu'il s'agit bel et bien d'une image « mythique », d'une illusion.

Rares sont les Occidentaux des tranches d'âges suggérées qui n'ont pas, au moins, *souscrit* — inconsciemment — à ce type d'illusion. Et ne parlons pas alors de tous ceux, de toutes celles qui ont « entretenu » ce type d'illusions par la lecture de romans à l'eau-de-rose, par la vision des films de la même catégorie !

Alors, si *ce* type d'illusion a pu pénétrer votre esprit, êtes-vous sûr qu'il n'y en a pas d'autres, dans d'autres coins de votre tête ?

Il existe encore une autre raison pour laquelle la plupart d'entre nous éprouvent quelque difficulté à prendre conscience de la permanence d'illusions entrées dans leur esprit, pendant leurs jeunes années…

Et cela, parce qu'il y a généralement confusion entre « illusions » qui sont, au sens transactionnel, contaminations de notre perception de la réalité (que devrait idéalement gérer notre État Adulte), par les envies « primitives » de notre État Enfant et « rêve porteur », ou « mythe directeur », qui sont des créations imaginaires positives et porteuses, bien utiles pour nous aider à agir dans un sens très positif pour nous-même et les autres. (Où serait l'Amérique si Christophe Colomb s'en était tenu aux strictes informations Adulte dont le « bombardait » son entourage ?)

Ce sont donc les rêves, sans aucun fondement de réalité, que porte notre État Enfant qui nous amènent à certaines souffrances.

Parmi ceux-ci, les « envies rêvées » de toute puissance, d'amour inconditionnel (à l'âge adulte) pour notre personne, les « attentes » — objectivement démesurées — vis-à-vis de certaines réalités de la vie adulte, telles que le mariage *(« J'espérais tellement que* tout *irait bien depuis que j'avais rencontré Marianne* ou *Jean-Paul »)*, le fait de fonder une famille *(« J'espérais tellement qu'il (elle) change en ayant des enfants »)*, le fait d'avoir trouvé une activité intéressante *(« Je me disais tellement que les choses s'arrangeraient, le jour où j'aurais trouvé un bon job »)*, le fait de rencontrer des circonstances favorables *(« Mon astrologue m'avait cependant annoncé que la configuration astrale du mois d'octobre me serait favorable »)*, le fait de rencontrer fortune *(« Je me disais pourtant que le jour où je gagnerais au Loto, la vie serait plus facile »)*.

L'illusion est, on l'aura compris, l'une des réalités qui résiste le plus à l'analyse de la conscience éveillée (de notre État Adulte).

Peu nombreuses sont les personnes qui, après un moment suffisamment pénible leur faisant faire une démarche auprès d'un conseiller psychologique (et dont les « premiers mots » sont quasiment cités dans la série d'exemples ci-dessus), ont, peu de temps avant avoir vécu l'événement douloureux dont il est question, la conscience suffisamment éveillée pour reconnaître — vis-à-vis d'elles-mêmes — qu'elles entretenaient une ou plusieurs illusions assez dangereuses pour leur bien-être, pour leur avenir.

En conclusion, il est bon de retenir combien le système de création d'illusions est inhérent à nos modèles éducatifs.

C'est déjà important de bien le savoir.

On peut ensuite s'entraîner à l'observer à travers ces « tranches de vie » mises en conserve que nous proposent la littérature, le théâtre et le cinéma de qualité (ce sont de bonnes écoles d'observation des réalités psychologiques) pour ensuite oser tenter la démarche fort difficile d'observation, de recensement de ses propres illusions.

Pour cela, une grande recommandation : **Vigilance !**

→ Le stress, un allié ?

Parmi les notions les plus « détournées » de leur sens initial, celle de *stress* est l'une des plus répandues.

C'est donc quoi, le stress ?

... demande notre Adulte.

La réponse, allons la chercher chez celui qui l'a le plus étudié : le Dr canadien Hans Selye, dont la réputation est aujourd'hui universelle :

> « *Le stress, c'est l'ensemble des mécanismes physiologiques qui permettent de stabiliser les fonctions vitales d'un organisme.* »
> « *C'est une réponse qui,* contrairement à la façon dont il est généralement perçu, *ne dépend pas du type de problème rencontré par l'individu, car c'est une réponse stéréotypée et non spécifique.* »

On l'appelle aussi *Syndrome général d'adaptation*.

Le stress n'est pas une maladie

C'est un mécanisme physiologique qui caractérise tous les êtres vivants, animaux et humains.

« Quand il se passe quelque chose » (sensations de chaud ou de froid, menaces physiques ou psychologiques), notre organisme réagit, répond. C'est cette façon de répondre qui porte le nom de *stress*. Il y a deux manières de répondre :

1. Ce que les spécialistes appellent :

• ***Eustress***

« Quelque chose qui se passe » (je rappelle : aussi bien un événement heureux qu'un chagrin ou une menace), cela correspond à une *information* qui est transmise à nos systèmes nerveux et hormonaux qui provoquent une réaction proportionnée à l'information. Quand le système se régule, l'harmonie revient.

Le stress provoquant cette réaction est alors appelé **eustress**. Exemple d'eustress « automatique » (c'est-à-dire sans intervention de la conscience de la personne) : une baisse du taux de sucre dans le sang (suffisamment importante pour être considérée par l'organisme) se produit. Se déclenche une série de processus physiologiques cherchant à rétablir le taux normal.

> Je suis au volant de ma voiture, la neige tombe et soudain, je ressens une sensation de froid — cette sensation, dont je prends conscience, m'amène à tourner la manette de chauffage, quelques minutes plus tard, je me sens réchauffé.

Ces incitants « stresseurs » (hypoglycémie ou sensation de froid) ont entraîné de l'*eustress*.

• ***Le distress*** (ou le « stress » malentendu)

L'usage inadéquat de beaucoup de gens parlant de leur « stress » concerne, en fait, ce que les spécialistes appellent *distress*. C'est lorsque le mécanisme régulateur « s'emballe », lorsque après la réaction, l'agent stresseur ne disparaît pas, que l'on parle de « distress ».

Il s'agit généralement de situations où la conscience intervient et où celle-ci, au lieu de donner une réponse à l'*information* (ressentir le froid aux pieds et « décider » de tourner la manette de chauffage, comme dans l'exemple ci-dessus), un aspect de la conscience « empêche » d'agir *(« J'aurais dû conduire la voiture au garage pour faire réparer cette manette »).* Quelque chose, dans la conscience de l'individu, lui donne l'impression de ne pas pouvoir agir *(« Je ne suis pas capable de faire », « Je ne peux pas faire »)*, et la personne ne modifie pas l'agent stressant, et le mécanisme s'auto-entretient *(« J'ai de plus en plus froid, et le fait de culpabiliser de n'avoir pas été faire réparer ma voiture n'arrange rien »).*

Bien au contraire, la tension désagréable augmente. Les énergies bloquées épuisent l'organisme et entraînent des troubles tels que maux de tête, de dos, fonctions organiques perturbées.

Des thérapeutiques adéquates

En ce qui concerne les distress d'origines psychologiques, c'est la pratique de la méditation, de la relaxation et des thérapies corporelles qui constitue la meilleure façon de réguler nos organismes.

En même temps que l'attention portée à une bonne information sur la façon de se nourrir (la présence d'un surcroît de toxines à éliminer par l'organisme est un facteur très amplifiant du distress).

Ces considérations entraînent, une fois encore, chez la personne désireuse de vivre une vie d'épanouissement, à prendre un certain nombre de décisions nouvelles (dont, par exemple, celle de vivre longtemps — l'eustress est l'allié d'une vie de qualité prolongée).

Sachons, comme le dit encore en synthèse, Hans Selye :

> *« Ce qui est important, ce n'est pas ce qui nous arrive, c'est la manière dont on le prend. »*

Pratiques de relaxation

En ce qui concerne la pratique de la méditation, j'ai déjà eu l'occasion d'en décrire la pratique, dans « PNL »[1] et dans « Découverte de Soi »[1].

Voici, à titre d'exemples, deux exercices pratiques qui vous permettent de diminuer votre taux de distress.

Une bonne façon d'en profiter consiste à demander à une personne de votre entourage de vous enregistrer sur une cassette les consignes (à lire à voix lente).

→ EXERCICE 1

Développer sa capacité à **sentir** ***ce qui nous entoure***

Consignes :

> *« Tu choisis un endroit agréable et calme*
> *Tu t'y installes le plus confortablement possible*
> *Tu fermes les yeux...*
> *Tu entres en contact avec un tissu ou un tapis, tu le touches avec tes mains...*
> *Tu ressens sa texture particulière : tu essayes de « comprendre » comment est le tissu (le tapis) en profondeur...*
> *Après quelques secondes, tu « connais » le tissu...*
> *Tu ouvres les yeux...*
> *Tu prends maintenant un objet entre tes mains...*
> *Tu refermes les yeux...*
> *Tu en contournes les formes, tu entres en contact avec la matière de cet objet...*
> *Tu ressens de quoi il est fait : tu essayes de "comprendre" cet objet...*
> *Après quelques secondes, tu "connais" cet objet...*
> *Tu ouvres à nouveau les yeux...*
> *Tu déposes cet objet un peu à côté de l'endroit où tu l'as pris...*
> *Tu reviens au premier tissu ou tapis, tu prends le temps, à nouveau, de le "rencontrer"...*

---

1. Op. cit.

Tu fermes à nouveaux les yeux
Puis, tu prends contact avec le tissu de tes vêtements
Tu "fais connaissance" avec ton pantalon (avec ta robe)
Tu "connais" maintenant ce vêtement…
Tu fais maintenant se toucher tes deux mains…
Les yeux toujours fermés, tu fais passer en revue — dans ta tête — les diverses sensations de matières que tu as déjà touchées…
Ne réfléchis pas aux objets, fais seulement défiler les sensations liées au tissu, à l'objet, à ton vêtement, au contact de tes mains… Uniquement, faire défiler les diverses sensations, dans ta tête !
Tu ouvres à nouveau les yeux et, sans réfléchir, tu essayes de regarder les objets dont tu t'es occupé, comme si c'était la première fois que tu les rencontrais, sans réfléchir…
Tu refermes les yeux…
Maintenant, tu te souviens de la forme — de l'image, de la sensation — de chaque chose que tu as rencontrée jusqu'à présent…
Tu écoutes les bruits de la pièce dans laquelle tu te trouves…
Tu deviens ces bruits…
Tu entres avec eux dans tes oreilles, tu essaies de faire le voyage entre la source de ces bruits et tes oreilles
Puis, tu écoutes les bruits de ton corps…
Puis, tu fais la même chose avec les senteurs…
Tu sens l'odeur de la pièce dans laquelle tu te trouves
Tu entres avec elles dans tes narines…
Tu suis le chemin entre les sources de senteurs et tes narines…
Puis, tu sens les senteurs qui montent de ton propre corps…
Tu desserres tes mâchoires, tu fais tourner ta langue dans ta bouche…
Lentement, tu ouvres les yeux…
Voilà ! Le voyage autour de tes sens est terminé… »

→ EXERCICE 2

Conscience de la respiration

« Tu t'installes le plus confortablement possible (fauteuil ou sur le sol)...
Tu fermes les yeux...
Tu prends conscience de ton corps ; de tes pieds, tu remontes le long de tes mollets, de tes cuisses, de tes fesses, de ton sexe, de ton ventre, de ta taille, de ta poitrine, de tes bras, de tes épaules, de ton cou, de ta tête...
Maintenant, tu commandes à tes muscles de se détendre...
Ceux de tes pieds, de tes mollets, de tes cuisses, de tes fesses, de ton ventre, de ta poitrine, de tes bras, de tes épaules, de ta nuque.
Tu prends conscience de ta respiration, comme elle est, maintenant...
Tu poses ta main là où ça respire...
Tu continues à respirer normalement...
Tu concentres ta conscience sur cette respiration bien régulière...
Tu "regardes" l'air qui entre et qui sort par tes narines...
Tu "suis" le flot d'air aussi loin, à l'intérieur de toi, qu'il t'est possible...
Maintenant, tu amplifies ta respiration...
Avec l'expiration, tu relâches les dernières tensions...
Tu prends encore une respiration profonde, en prenant bien soin de détendre ton corps à l'expiration...
Encore une fois... et sur l'expir, tu "places" tes soucis, tes problèmes... et tu les regardes quitter ton corps...
Puis, tu reviens lentement à ton rythme habituel... »

« Tu reprends conscience, avant d'ouvrir les yeux, de la pièce dans laquelle tu te trouves.
Tu respires encore une fois ou deux, tout à fait normalement...
Tu ouvres les yeux... »

Ces deux exercices auront d'autant plus d'« effets positifs » que vous vous accordez le temps pour les faire.
10 minutes pour le premier et 5 minutes pour le deuxième sont des temps minimum.

→ A propos de la valse du Triangle

Non, il ne s'agit pas d'une création de Monsieur Strauss, dédiée à l'un des plus modestes instruments de l'orchestre. Mais…

Mais on m'a signalé qu'il est un aspect relatif aux *jeux négatifs* que je n'ai pas suffisamment souligné dans mon premier ouvrage sur l'AT, à savoir qu'il est fréquent que les protagonistes d'un jeu négatif évoluent facilement d'un rôle à l'autre dans le Triangle Dramatique.

Pour combler cette lacune, il me semble que c'est par des exemples que la démonstration selon laquelle les protagonistes d'un jeu négatif effectuent fréquemment une véritable « Valse » dans les trois rôles Persécuteur, Sauveteur et Victime sera la plus probante.

→ EXEMPLE N° 1

Annie travaille comme secrétaire dans un service commercial. Elle s'enrhume facilement.
Ce matin, elle arrive — une fois de plus — la goutte au nez, et d'une voix enrouée, gémit (position Victime) :
« Aah la la, ça ne finira donc jamais !
— *Ah oui, réplique son chef d'un ton agressif* (position Persécuteur) *ça ne finira probablement jamais, vos rhumes, Annie !*
— *Mais, chef,* intervient Claudine (en position Sauveteur), *vous n'allez pas commencer à l'ennuyer, elle a déjà suffisamment de difficultés comme cela, vous ne trouvez pas ?*
A Annie :
— *Viens, ma pauvre chérie ! Assieds-toi ! Je vais aller te chercher un café !*
— *C'est pas tout ça, poursuit le chef, qui va taper le Rapport d'activités du mois ?*

— *Ben, moi je le ferai alors, reprend Suzanne* (Sauveteur, un peu forcée).
— *Mais demain, ne comptez pas sur moi ! Je ne ferai strictement que mon travail* » poursuit-elle.
Annie, avec un ton encore assez gémissant, en buvant son café :
— *Ben j'espère que ça ira mieux demain...*
Claudine :
— *Mais, ma pauvre chérie, pourquoi n'irais-tu pas voir cet homéopathe dont je t'ai déjà si souvent parlé...*
Suzanne :
— *Elle va te répondre que ça ne sert à rien* (rôle Persécuteur).
Annie à Suzanne :
— *De quoi je me mêle, Madame-qui-est-mieux-que-tout-le-monde !* (rôle Persécuteur)
Le chef (soudain, avec un ton surprotecteur) :
— *Allons, Mesdemoiselles, soyez un peu plus gentilles l'une avec l'autre !* (rôle Sauveteur)
Suzanne (gémissante à son tour, et toujours Persécutrice à l'égard d'Annie) :
— *Voilà, ça va encore être ma faute, tout ça pour cette...* »

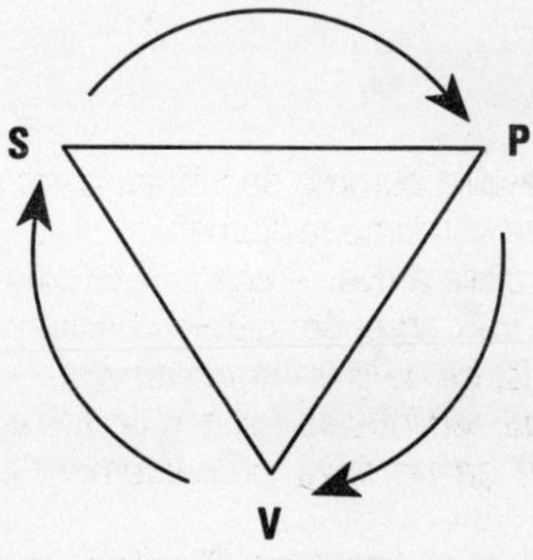

→ EXEMPLE N° 2

Luc et Martine en sont à leur septième ou huitième danse, et aussi à leur troisième ou quatrième porto, quand Martine regarde sa montre et s'écrie :

« Mon Dieu, déjà deux heures, il faut absolument que je rentre !
Une heure plus tard, ils s'embrassent sur le palier de l'appartement de Martine, et Luc, enfiévré, lui met la main aux fesses.
Martine, faisant la moue :
— *Je ne sais pas si c'est convenable !*
Ce qui augmente l'excitation de Luc, qui n'y a pas entendu de refus, et qui lui demande de coucher avec lui.
Martine, à qui on a appris à ne rien refuser aux hommes (Sauveteur) :
— *D'accord, mais tu ne restes pas plus d'une heure !*
Une demi-heure plus tard, alors que Luc lui demande de se retourner, sur un ton sec :
— *Je ne suis pas celle que tu crois* (rôle Persécuteur).
Luc :
— *Je vois, tu m'excites d'abord, puis Madame joue les offusquées* (rôle Persécuteur).
Il quitte l'immeuble et dans sa voiture, fulmine :
— *Pourquoi est-ce toujours à moi que ça arrive : elles ne veulent pas de moi !* (Victime), en même temps que Martine gémit dans son lit (Victime) :
— *Pourquoi faut-il toujours que je tombe sur des types "comme ça"* (puis Persécutrice) :
— *Olga a bien raison, tous les hommes sont des cochons ! »*

→ EXEMPLE N° 3

A deux heures du matin, dans un bar :
Pierre, un peu éméché :
« La vie n'est que de la m... ! (Victime)
A Louis, son voisin :
— *Tu ne sais pas ce que Véronique m'a dit ? Qu'elle préférait la compagnie d'hommes plus jeunes ! La garce !* (Persécuteur)
Louis (Sauveteur) :
— *Mon pauv' vieux ! Tu as l'air bien amoché ! Veux-tu que je te reconduise quelque part ?*
Le lendemain, au bureau :
Pierre :

— *Qu'est-ce que tu avais besoin de te mêler de me reconduire hier soir ?* (Persécuteur)
Louis (Persécuteur) :
— *Espèce d'ingrat, si je n'avais pas été là* (puis Victime) :
— *On m'y reprendra à aider les copains... »*

Une question m'a souvent été posée : Tous les jeux sont-ils négatifs ? La première réponse est : oui, dans la mesure où dès que l'on est dans un « jeu » psychologique, il est possible d'observer que, par rapport à ce qui se passe, les énergies psychiques des personnes considérées sont utilisées à des fins plus négatives que ce qu'ils pourraient réaliser positivement.

Ceci dit, il existe cependant des « jeux psychologiques » dont la portée négative est extrêmement réduite.

→ EXEMPLES :

On peut déjà considérer comme « jeu » au sens transactionnel celui que « jouent » des milliers d'Occidentaux, lorsqu'au retour de vacances, à leurs collègues de travail qui les interrogent sur ces vacances dans un pays d'Afrique du Nord, ils répondent :

> *« Très bien, très beau, mais quand même : vivre comme ces gens ! On est vraiment mieux chez nous ! »*

Et aussi, ce « jeu » que j'ai imaginé dans la tête de ce curé qui regardait la foule, sur une place de Florence :

> *« Regardez-les, mon Dieu ! Comme ils se complaisent dans le stupre et la fornication ! Moi, au moins, je suis OK, n'est-ce pas Seigneur ? »*

→ *Quelques risques...*

Un risque pour l'AT : la dérive sectaire

Si la référence « sectaire » est, je l'accorde, un peu « forte », il n'est cependant pas sans intérêt d'attirer l'attention sur un risque proche de ce type de déviance.

Que ce soit à la sortie d'un Congrès — ou n'importe où ! — que l'on entende des propos du genre :

> *« Whaouaah ! Que je me sens bien dans mon Enfant !*
> *Cet atelier de Schieve Lavabôô m'a complètement retourné !*
> *Et toi, Anémone ? Comment as-tu trouvé les apports de Tess Scherpgezien ?*
> *— Aaah ! Transcendant ! Il a un Parent Nourricier tellement puissant ! Surtout quand il m'a donné le sein, pour que je revive mes premiers jours !*
> *— Plus fort que Keek Efreter ?*
> *— Mon Adulte le confirme, sans conteste.*
> *— Comme XXX, qui "fait" maintenant de la Transactionnelle ET de la PNL ET de l'astrologie karmique... »*

C'est une dérive que toutes les mesures prises par les Associations Nationales ou Internationales ne peuvent garantir d'éviter absolument : c'est celle de la dérive « sectaire », c'est-à-dire par laquelle les nouveaux « convertis » à l'AT se comportent comme les membres d'un groupuscule « réservé » : avec un jargon propre, « fermé » à l'encontre des non-membres, comportement proche de celui des « illuminés » du Nouvel-Age.

Une dérive fréquente : la création d'un nouvel Enfant Adapté

Si le danger « sectaire » menace davantage les praticiens de l'AT et les milieux qui l'entourent, force est de constater qu'il est un « défaut » (Imputable à qui ? En partie, au thérapeute. Mais surtout au client) qui caractérise souvent ceux qui ont « mené leurs contrats thérapeutiques jusqu'à terme » :
— en lieu et place d'un changement en profondeur — et d'une *authentique* libération de leur Enfant Libre —, c'est à une « refonte » de l'Enfant Adapté que l'on assiste.

A ce moment-là, l'AT rejoint tristement les résultats obtenus par les adhésions idéologiques ou religieuses de tous les temps, c'est-à-dire des modifications de comportements, certes, mais marqués par une dépendance « nouvelle » à l'égard de la philosophie, de l'idéologie triomphante.

Que celle-ci soit un malheureux intégrisme religieux, un fanatisme idéologique ou une très positive école psychothérapeutique.

Il m'a été donné d'observer récemment une réalité nettement moins grave :

Une psychologue donnant une conférence sur les problèmes de couple faisait un usage inadéquat des termes « État Adulte » et « État Enfant », les confondant avec les âges adulte et enfant. Une façon de récupérer la « clientèle » attirée par l'AT ? Mon Adulte est « porté à croire » que ce n'est pas tout à fait non fondé !

Et l'autothérapie ?

Il s'agit cette fois, d'une réalité plus grave !

Je connaissais un homme dont, à mes yeux, le décès a eu quelques liens avec une pratique d'autothérapie « sauvage », à partir des concepts d'AT.

Avait-il eu affaire à ces personnes dont j'ai entendu parler et qui « annoncent » l'initiation au matériel thérapeutique AT, assurant que leur initiation « garantit » les risques de mésusage, arguant que Freud lui-même, s'était psychanalysé tout seul ?

En principe, la chose devrait théoriquement être possible, mais… une personne qui se sent non-OK (ne fût-ce que sur un aspect de sa personne) devrait arriver à établir des contrats de confrontation d'une telle qualité — tellement OK — avec des personnes de son entourage qu'il me semble y avoir là une contradiction fondamentale très difficile à contourner.

→ *À propos de spiritualité*

E. Berne semble avoir voulu « protéger » son « invention » de considérations philosophiques, politiques et religieuses. On le comprend.

Les êtres réellement créatifs sur le plan de la pensée n'ont que trop souvent pu observer combien les chefs d'opinion se sont, de tout temps, empressés de « récupérer » leurs découvertes, à leur seul profit.

Ceci dit, des transactionnalistes se sont démarqués de cette attitude et ont pris position dans ce champ d'investigation si particulier, si délicat et si essentiel.

Parmi ceux-ci, on trouve à leur tête, les travaux de Muriel James *(Born to Love)* et de Vincent Lenhart (plusieurs publications, dont *L'Analyse Transactionnelle*, chez Retz).

Il s'agit d'ouvrages riches et originaux, comme on pouvait s'y attendre de la part de ces deux « grands » de l'AT.

Pour parler de **spiritualité**, il importe de (re)considérer le concept*. C'est de K.G. Dürckheim que je m'inspirerai pour tenter cette définition :

> *« La source de toute maturation est la Vie. Sa présence en nous-même ressort de ce que j'appelle notre Être Essentiel, lequel est « relié » à l'Être du Monde, générateur de vie, d'intelligence et d'amour, et qui nous est transcendant — que l'on peut aussi nommer La Présence. »*

La grande transactionnaliste Marge Reddington dit :

> *« La spiritualité est un fait humain important. C'est le processus de développement par lequel l'homme découvre qui il est, quel est le sens de sa vie, et comment agir dans ce sens. Ce processus s'accompagne généralement d'un fort désir de se connaître. »*

Voilà ce dont traite la spiritualité.

Cette « matière », si délicate, beaucoup d'hommes ont tenté de la circonscrire.

Les plus sages, d'abord pour leur développement personnel. Un certain nombre d'entre eux, pour en dispenser un enseignement « rayonnant ». En tête de ces Maîtres de Sagesse, Jésus et Bouddha. Un nombre important d'hommes y ont vu une « matière » leur permettant d'établir un pouvoir de fait sur d'autres.

Au premier rang de ceux-ci, les Églises institutionnalisées, lesquelles se présentent encore et toujours — même en cette fin de XXe siècle où leur pouvoir est fort

---

* Voir *A la Découverte de Soi »*, même auteur, Marabout n° 3614.

contesté (jusqu'en leur sein même !) — comme des institutions lourdes, généralement basées sur une *« attitude dogmatique et répressive »* pour citer l'un des contestataires internes les plus virulents de l'Église catholique ayant défrayé la chronique au cours de ces dernières années, Eugen Drewermann. Église dont il dénonce la prétention à *« détenir le monopole de la Vérité »* [1] et dont il considère *« les idéaux comme peu utiles aux hommes ».*

Traduites en termes d'AT, que nous disent ces analyses ? Que des hommes, enivrés par le pouvoir de domination sur la conscience des autres, ont créé des institutions très « Parent Normatif » (« Ce qu'il faut faire et ne pas faire pour mériter son salut ») ou plus simplement « être bien vu de monsieur le curé (auxiliaire de ce pouvoir clérical) ».

Ce qui — surtout en ce qui concerne l'Église dominante en Occident, à savoir l'Église Catholique — a eu comme effet de développer un pouvoir coercitif rigide basé surtout sur la répression de la sensualité et de l'inconscient.

Comment dès lors, la personne évoluée peut-elle « naviguer » au milieu de tous ces mouvements d'idées, ces tendances « nouvelles » et anciennes qui se présentent aujourd'hui sur ce qu'il faut bien appeler le **marché du spirituel** ?

Ma réponse d'aujourd'hui est la suivante :

1. En osant aborder ces réalités primordiales avec son Adulte, pour l'analyse critique des institutions actuelles — et en particulier de ces nouveaux marchands du temple qui peuvent présenter leur marchandise sous des formes souvent séduisantes et qui regroupent leurs *« produits spirituels »* sous l'étiquette *« New Age » (Nouvel Age)* — et

---

1. *Fonctionnaires de Dieu*, Eugène Drewermann, Albin Michel, 1993.

passées, de manière à trier « le bon grain de l'ivraie » (parce que des individualités très positives se sont, de tout temps, dégagées des « diktats » de tous les Vatican du monde). Parce que des hommes et des femmes de notre temps — et de tous les temps — sont susceptibles de nourrir l'esprit de leurs semblables, ayant eux-mêmes appliqué ce qui sera ma deuxième recommandation :

2. En « ouvrant » son Enfant — ce qui correspond à l'expression « ouvrir son cœur » — à soi-même, à la Vie, à la Présence, à l'Être du Monde, au Créateur, pour ***« percevoir »*** avec sensibilité Qui l'on est vraiment, quel rôle de **cocréateur du Monde**, nous avons à tenir.

Cette belle entente entre notre Adulte et notre Enfant est celle qui nous permettra de vivre en bonne harmonie avec les autres, avec le monde.

Une manière d'être qui nous rapprochera du Jésus — ce *champion de l'anticléricalisme*, comme le note un commentateur, dans cet évangile plus qu'apocryphe, dont l'auteur, prêtre et théologien, a « osé » faire prendre femme au Fils de l'Homme et l'a écrit à la première personne, sous la forme de « Mémoires » — puisque c'est sous le titre de *« Mémoires de Jésus »* que Jean-Claude Barreau a publié ce récit de la vie du Christ, en 1968, aux Éditions J.C. Lattès.

Texte où l'on rencontre un Jésus qui parle avec son Enfant — la plupart du temps et, bien sûr, quelquefois avec son Adulte. Cela nous vaut une « autre » narration des paroles du Christ, souvent plus *« touchante »*, que celle des évangélistes « officiels », qui — transformés par les différentes réinterprétations voulues par les « exigences de leur temps » se trouvent être des récits très... Parent.

Par exemple, le « Sermon sur la montagne » devient :

> *« Je remerciai le ciel de m'avoir donné du coffre et la capacité de me faire entendre de tant de personnes à la fois. Je continuai donc : — Le but de la vie, c'est d'être heureux,*

> *vous êtes d'accord ? Je vous dirai donc quelle est la seule façon d'être heureux : ils sont heureux, ceux qui ont le cœur du pauvre, ceux qui sont doux, ceux qui ont faim et soif de Dieu. Ils sont heureux, ceux qui pardonnent aux autres, les cœurs purs, qui font régner la paix autour d'eux... Car je sais d'expérience qu'il n'y a pas de relations humaines possibles sans le pardon. C'est bien beau de parler d'amour, encore faut-il expliquer qu'il est difficile d'aimer et qu'on ne peut surmonter les inévitables disputes qu'en ne laissant pas le soleil se coucher sur notre colère...*

Et la parabole du Bon grain et de l'Ivraie :

> *« Je leur expliquai qu'il dépend d'eux que le Royaume de Dieu arrive. De même, le rendement de la semence jetée par le semeur dépend de la terre sur laquelle elle tombe. Chez les hommes aussi, il y a de bons et de mauvais terrains. J'essayai de leur faire comprendre que c'est au-dedans d'eux-mêmes que se joue le combat du Bien et du Mal, de Dieu et de Satan*. Il n'y a pas, en ce bas monde, d'un côté les bons et de l'autre, les méchants. L'ivraie semée par l'ennemi est mêlée au bon grain du Père. A vouloir arracher l'une, on risque de tuer l'autre. C'est à Dieu qu'il appartient de faire le tri. En attendant, il faut laisser l'ivraie et le bon grain grandir ensemble, en attendant la moisson. Mes auditeurs avaient du mal à accepter ce dernier enseignement : toujours les hommes ont la tentation que le Mal est tout entier chez les uns.*
>
> *Mes compagnons me demandèrent pourquoi je parlais en paraboles. C'est tout simplement que je désire me faire bien entendre : ces pêcheurs, ces paysans ne sont pas versés dans les subtilités de la théologie. Grâce à mes histoires, ils peuvent, eux aussi, comprendre les merveilles de Dieu... »***

Si « Oser Être Gagnant », c'est croître en spontanéité, en autonomie et en conscience, cela signifie donc aussi ***prendre conscience de notre dimension spirituelle de COCRÉATEURS du Monde.***

---

* Un point de vue que l'on retrouve dans bien des sagesses, notamment dans le bouddhisme et le zoroastrisme.

** La version 1993 du travail de Barreau a été publiée chez Plon, sous le titre *Biographie de Jésus*.

FICHE N° 5

Et si la crise était une chance ?

Par René Haupeman

« Vive la crise ! » Quel est l'Enfant qui pourrait crier cela ? *« Au fou ! Faisons-le taire ! »* répliquent de nombreux Parents. Et pourtant...

Que sont les crises dans la nature, dans la vie ? La nature et la vie des hommes ont déjà connu beaucoup de crises !

La première, chaque fois que les éléments se déchaînent, les seconds, tout au long de leur histoire...

Pour la première, pas de revendications, pas de manifestations possibles pour les arbres et les animaux.

Les grandes inondations, les éruptions volcaniques les font s'adapter à la situation nouvelle : serait-ce inexact de dire qu'ils les font évoluer ?

Les seconds n'ont eu l'occasion de s'en prendre, au cours de leur histoire, qu'aux éléments, au Tout-Puissant et, parfois, aux puissants de ce monde.

Mais les seconds sont aussi devenus attentifs, depuis plusieurs siècles, aux crises que traversent leurs vies personnelles.

Crise œdipienne, crise pubertaire, crise d'indépendance dans l'adolescence, crise de couple, crise des 40 ans, etc.

Et sur le plan collectif, et sur le plan individuel, serait-ce inexact de dire que toutes ces crises ont, généralement, été occasion d'évolution ? Arrêtons un instant notre regard sur la crise adolescente.

C'est sa volonté de **devenir davantage lui-même** — donc de croître — qui l'amène à percevoir les autres comme animés d'une volonté de contrecarrer ses intentions. Bien sûr, il y a des oppositions au sein de sa famille, et même chez ses amis.

Comme chez l'arbre qui grandit dans la tempête, qui dans « sa volonté » de devenir davantage lui-même rencontre lui aussi, des « oppositions » qui deviendront occasions de croissance.

Il y a longtemps que les hommes savent QUE LES CRISES SONT OCCASION DE CROISSANCE.

Mais il est des moments où ils s'attiédissent. Je pense que c'est là que réside, face à la crise actuelle, le plus grand danger :

— Quand l'homme croit acquis, de manière définitive, ce qui a été le fruit de combats, d'ailleurs bien légitimes — comme le droit au travail, au bien-être.

— Quand sa forme principale de réaction tient de l'aveu d'impuissance à faire face, à « inventer » de nouvelles solutions.

— Quand il mobilise surtout son énergie pour trouver des responsables (le système, les pouvoirs en place — qu'il oublie un peu trop rapidement avoir lui-même choisi !), des boucs émissaires.

— Quand il démobilise son énergie créatrice au profit d'espérances irréalistes (l'intervention divine, la révolution ou l'espoir d'une conjonction astrale favorable).

— Quand du plan particulier il fait passer sa dépression personnelle (compréhensible) au plan collectif (fabriquer de la dépression collective, c'est alors bien ça, le « sida mental »).

Il y a vingt ans déjà que Marilyn Ferguson publiait *Les*

Enfants du Verseau[1], inventaire des mouvements qui annonçaient l'émergence de nouveaux paradigmes, de valeurs nouvelles, jusque et y compris sur le plan économique. Ces changements se poursuivent, en profondeur...

Ancien paradigme	***Paradigme nouveau***
Lutte pour la stabilité, la position, la sécurité.	Sens du changement, du devenir. Volonté de risque, d'entreprendre.
Quantitatif : quotas, symboles de statut, niveaux de revenus, profits, augmentations. PNB, biens tangibles.	Qualitatif aussi bien que quantitatif. Sens de la réalisation. Effort mutuel pour un enrichissement mutuel. Valeurs et biens intangibles (créativité, plénitude) aussi bien que tangibles.
Rationnel, ne fait confiance qu'aux chiffres.	Rationnel et intuitif. Aux données et à la logique s'ajoutent les intuitions, les sentiments, les prises de conscience.
Solutions à court terme, immédiates.	Reconnaissance que l'efficacité à long terme doit tenir compte de l'harmonie dans le travail, de la santé de l'employé, des relations entre individus.
Favorise la consommation à tout prix par l'obsolescence planifiée, la publicité pressions, la création de « besoins » artificiels.	Consommation appropriée. Conservation, préservation, recyclage, qualité, savoir-faire, innovation, invention pour satisfaire des besoins authentiques.
Motivations strictement économiques, valeurs matérielles. Progrès jugé par le produit.	Les valeurs spirituelles transcendent le gain matériel ; suffisance matérielle. Processus aussi important que le produit. Contexte du travail aussi important que le contenu — non seulement ce qu'on fait, mais comment on le fait.
Individus adaptés au travail. Rigidité, conformisme.	Emplois qui s'adaptent aux individus. Flexibilité, créativité, forme et flux.
Travail et plaisir sont séparés. Le travail comme fin.	Distinction entre travail et plaisir. Le travail est en lui-même une récompense.

1. Calmann Lévy.

Alors, on retrousse les manches et on active nos méninges, dès à présent ?

Serons-nous de ceux qui auront tiré profit de la crise ? Celui d'en faire une occasion d'évolution personnelle et collective.

Serons-nous, ensemble, les « **gagnants** » de la crise ?

janvier 94*

---

* Je trouve important de dater, au cas où un sursaut comparable aux « Golden Sixties » devait nous frapper, rendant celle-ci désuète.

CONCLUSION

Oser être gagnant

C'est oser être soi-même,
gagnant de sa vie,
en harmonie avec la Vie,
avec les autres.
C'est devenir autonome,
conscient et spontané.
C'est devenir, chaque jour qui
passe, davantage soi-même.
C'est reconnaître ses propres émotions, ses propres
ressources, ses propres talents.
C'est être actif dans le développement
de ses potentialités.
C'est entretenir avec les autres des
relations davantage marquées par le
respect, l'estime, la compréhension que
par la compétition négative, l'agressivité
ou la manipulation.
C'est être actif au service de la communauté humaine.
C'est accomplir son destin de cocréateur du Monde.

Cette manière d'être est sans doute **la plus évolutionnaire** (sans **r** !), la plus **alternative** qui soit.

Se choisir de nouveaux super-objectifs

Sortir de la stérilité de son scénario de vie peut aussi se faire en choisissant de nouveaux super-objectifs, des lignes de croissance pour conduire notre vie.

Ce peuvent être :

• Dans ma vie, je peux décider de dépasser le *vouloir plaire* (qui est en fait du « vouloir être aimé » qui-ne-dit-pas-son-nom) pour **construire** (fabriquer) de l'*aimer* (du vrai !) — même si ça coûte — et *être aimé* me reviendra, de par cette démarche volontaire, au centuple.

• Dans ma vie, je vais expérimenter et offrir aux autres ma disponibilité — celle qui se définit par l'absence, dans ma tête, de projet, d'intention concernant l'autre.

• Dans ma vie, je vais expérimenter et apprendre pour moi-même ce que c'est que considérer les autres comme étant fondamentalement OK, en les accueillant, les écoutant, en leur offrant mon attention, ma tendresse, en cherchant à comprendre la richesse de leur différence.

On peut aussi faire des super-objectifs :

• Je vais réussir ma vieillesse.
• Je vais élargir mon cercle d'amis.
• Je vais inviter mon partenaire à réussir notre couple.
• Je vais apprendre, découvrir des choses nouvelles (en rapport avec la Vie naturelle et spirituelle, avec la culture).
• Je vais améliorer ma vie sociale.
• Je vais devenir un(e) bon(ne) père (mère), grand-père (grand-mère), etc.

Offrir amour, compréhension, bienveillance, affection aux autres — et surtout, amour inconditionnel aux petits —, c'est non seulement l'acte le plus (r)évolutionnaire qui soit, et aussi, très probablement, l'élément le plus indispensable à pouvoir me sentir heureux, mais c'est aussi rejoindre — sur Terre — le parti des **femmes et des hommes vivifiants**.

INDICES AUTOBIOGRAPHIQUES

Jusqu'à 37 ans, je me suis «entraîné», sans en être conscient, à «jouer» à «Ma culture est plus importante, mieux intégrée que la tienne», puis j'ai découvert l'AT et compris que ceux qui ne m'intéressaient pas *et* ceux que je n'intéressais pas, *nous nous ignorions, le plus souvent, parce que jouant à des jeux différents. Ceux qui préféraient «Ma bagnole, mon conjoint, l'école de mes enfants sont mieux que les tiens» n'accrochaient que rarement à mes jeux intellectuels. Il m'arrive encore parfois de fuir des «accrocheurs» tentants... Aujourd'hui, je n'ai absolument plus besoin de ce type d'escrime.*

A côté de ma part de peines (j'ai mon lot comme tout le monde), je trouve la vie et mes contemporains souvent plein de charmes. Voilà. J'avais envie de vous communiquer cela.

Le 7 janvier 1994, Ophain-Bois-Seigneur-Isaac

INVITATION AU DIALOGUE

Si l'un ou l'autre aspect de cet ouvrage a provoqué une réflexion ou une interrogation, faites-le-moi savoir, je vous répondrai :

René de Lassus
c/o Marabout
rue de Nesle, 8
F-75006 Paris

ou
René de Lassus
c/o Marabout
Place Stéphanie, 20
B-1050 Bruxelles

La nouvelle éternité, Bien vivre 120 ans, Gabriel Simonoff, *Grasset.*

Vieillir jeune, Pr Marius Audier, *Le Temps parallèle*.

Les triomphes de la Psychanalyse, P. Daco, *Marabout*, 3505.

Analyse Transactionnelle et relations de travail, Dominique Chalvin, *Esf*.

Les nouveaux outils de l'AT, Dominique Chalvin, *Esf*.

Vivre heureux en famille, Marie-Joseph et Dominique Chalvin, *Esf*.

L'Alchimie du bonheur, Isabelle Filliozat, *Dervy*.

L'Amour à refaire, A. Watts, Wilhem Reich, Louis Pauwels, Susanne Lilar, Betty Friedan, Rémy Chauvin, etc., *Dossier Planète déc. 71*.

Personal Marriage contract, John Whitaker, MD, *OK Street, Dallas*.

Les cahiers de l'Analyse Transactionnelle, IFAT.

Actualités en Analyse Transactionnelle, CFIP, av. Gribaumont, 153, 1200 Bruxelles.

⊗ CD Bernard Haillant, c/o « Remonter la rivière », 41, rue Esquirol, 75013 Paris.

Belgique :
ASSOBAT
Association Belge d'Analyse Transactionnelle
rue Renier Chalon, 32
1060 Bruxelles

Canada :
ACAT
Association Canadienne d'Analyse Transactionnelle
Lisgar Street, 190
Ottawa Ontario K2P0C4

France :
IFAT
Institut Français d'Analyse Transactionnelle
31, rue Voltaire
83640 Saint-Zacharie

Suisse :
ASPAT
Association Suisse pour l'Analyse Transactionnelle
Chemin des Neyruaz
1297 Founex

États-Unis :
ITAA
International Transactiona Analysis Association
Vallejo Street, 1772
94123 San Francisco-California

EATA
Association Européenne d'Analyse Transactionnelle
Case Grand-prés 59 CH
1211 Genève 16

TABLE DES MATIÈRES

IMPRIMÉ EN FRANCE PAR BRODARD ET TAUPIN
1063 L-5 - Usine de La Flèche (Sarthe), le 11-01-1995.

pour le compte des
Nouvelles Editions Marabout
D.L. janvier 1995/0099/21
ISBN 2-501-02062-6